쇼펜하우어의
논쟁 대화법

출판은 사람과 나무 사이에서 이루어지는 가치 있는 일입니다.
도서출판 사람과나무사이는 의미 있고 울림 있는 책으로 독자의 삶을
좀 더 풍요롭게 만들기 위해 최선을 다하겠습니다.

Arthur Schopenhauer

쇼펜하우어의
논쟁 대화법

Eristische Dialektik

아르투어 쇼펜하우어 지음

김시형 옮김

사람과
나무사이

Arthur Schopenhauer, 1788~1860

"논쟁 대화술은
머리로 하는 검술이다."

― 아르투어 쇼펜하우어

∞

이 책을 읽는 독자들에게

쇼펜하우어의 38가지 논쟁 대화술에 통달한 자,
모든 토론과 논쟁에서 승리할 것이다

『쇼펜하우어의 논쟁 대화법』. 이 책을 읽는 독
자 중 일부는 다음 내용을 읽고 매우 놀랄 수도 있겠다.

"논쟁 대화법은 어디서, 어떻게 생겨났을까? 흥미롭게도,
인간이라는 생물 종이 가진 태생적 '악의'에서 비롯한 것으
로 나는 본다. 그도 그럴 것이 이 악의가 없었다면 사람들은
근본적으로 정직했을 것이기에 무자비한 공격과 속임수가
난무하는 논쟁 상황 자체가 벌어지지 않았을 테니 말이다.
또 만일 그랬다면 사람들은 무슨 토론을 하든 애초에 자신
이 내세운 의견이 맞는지, 상대가 내세운 의견이 맞는지 여

부 따위에는 관심도 두지 않고 오로지 진실을 밝히는 일에만 모든 노력을 기울였을 것이다.”

'논쟁 대화법'이 인간이 지닌 태생적 '악의'에서 비롯했다니……?! 충격적인 주장이 아닐 수 없다. 그러나 앞뒤 문맥을 살피며 곰곰이 생각해 보면 자못 충격적이기는 해도 틀린 말이 아니라는 판단이 들 것이다. 아니, 단지 틀린 말이 아닌 정도가 아니라 이는 인간 본성과 본질을 날카롭게 통찰한 주장이며, 과녁 한가운데의 점, 즉 논쟁 대화의 정곡을 꿰뚫은 내용이라 할 만하다.

『쇼펜하우어의 논쟁 대화법』은 매우 직설적이고, 솔직하며, 군더더기 없는 책이다. 그리고 이 책은 대철학자가 집필한 저서라고 하면 선뜻 믿기 어려울 만큼 실용적이다. '이 책의 실용성은 어디에서 기인할까?' 일독하는 동안 독자들의 머릿속에서는 이 생각이 떠나지 않을 것이다. 그리고 다음의 사실을 명징하게 깨닫게 될 것이다. 이 책의 실용성이 현학을 멀리하는 솔직함과 군더더기 없음, 그리고 무엇보다 인간의 본성과 인간관계의 본질, 인간사회의 구조 및 작동 원리에 대한 날카로운 통찰에서 비롯된다는 것을. '솔직함'과 '단순함', 인간과 관계, 사회에 관한 '통찰력'으로 무장한 이 책은 과녁을 향해 거침없이 날아가 정곡을 꿰뚫는다.

"논쟁 상황에서는 어디에 있는지도 모르는 객관적 진리에 연연할 필요가 없다. 논쟁이 벌어지면 때로 자신이 옳은지 그른지 확신이 서지 않을 때도 있을 것이다. 그냥 그렇다고 믿지만 실제로는 착각일 때도 있을 것이다. 그리고 당신과 논쟁 상대 모두 그렇게 믿는 경우도 적지 않을 것이다. 고대 그리스 철학자 데모크리토스의 말대로 "진리는 심연 속에 있기(veritas est in puteo)" 때문이다.

대다수 사람은 논쟁이 시작될 때 '진실이 자기 편'이라고 믿는다. 그러나 시간이 지나고 논쟁이 진행되면서 논쟁 상대 양측 모두 확신을 잃고 회의에 빠진다. 결국 진실을 확정하는 것은 논쟁의 결과뿐이다. 이렇듯 대화술은 진리나 진실과는 아무 관련이 없다. 생각해 보자. 죽고 사는 결투에 나선 검투사가 자기가 옳은지 그른지 신경 쓸 여유가 있는가? 한마디로 대화술은 '머리로 하는 검술'이다. 찌르기와 막기, 이 두 가지에만 매진하면 된다. 이렇게 단순한 관점으로 보아야만 대화술이 효과적인 특유의 기술로 정립된다.”

위의 인용문 중 “대화술은 ‘머리로 하는 검술’이다”라
는 대목에서 독자 여러분은 자기도 모르게 무릎을 칠 것
이다. 쇼펜하우어의 말대로, 우리가 일상에서 만나는 토
론이나 논쟁 상황은 노련한 검술이 뒷받침되어야 하는 전
투나 전쟁인 셈이다. 그러므로 마치 무사가 잠시도 게을
리하지 않고 칼을 날카롭게 벼리고, 방패가 혹 부서진 곳
은 없는지 점검하고, 전투에서 패배하지 않기 위해 부단
히 검술을 연습하듯 우리도 어떤 토론과 논쟁에서도 지지
않도록 논리정연한 말솜씨를 갈고닦아야 한다. 이 책『쇼
펜하우어의 논쟁 대화법』이 독자 여러분에게 어떤 토론
과 논쟁에서도 승리할 수 있는 38가지 칼과 방패를, 그리
고 비법을 전수해 주리라 확신한다.

∞

차례

Eristische

Dialektik

$\longrightarrow$ **1** $\longleftarrow$

Eristische

Dialektik

————————→ **2** ←————————

쇼펜하우어의 38가지 논쟁 대화술

Eristische

Dialektik

1

∞

∞

'양날을 가진 칼'을 다루는
위험하고도 섬세한 기술, 논쟁 대화법

'논쟁 대화법(논쟁 대화술)[1]'은 수단과 방법을 가리지 않고 말싸움에서 이기는 기술이다.[2] 누구든 어떤 문제에서 객관적으로 옳을 수도 있지만 옳지 않을 수도 있다. 남들이 보기에는 말할 것도 없고 자신이 보기에도 틀린 얘기를 할 때가 있다. 그럴 때면 논쟁 상대는 그 기회를 놓치지 않고 당신의 주장에 반론을 제기할 것이다. 그의 반론은 당신에게 '양날을 가진 칼'로 작용할 것이다. 즉 이는 당신에게 상대의 주장을 논박할 근거를 제공하기도 하지만, 상대가 자기주장을 뒷받침할 근거로 역이용할 가능성도 동시에 제공한다. 그리고 이런 원리는 당신의 논쟁 상대에게도 똑같이 적용된다. 그 역시 객관적으로 틀린 자기주장을 정당한 것으로 만들려고 애를 쓸 테니 말이다. 어떤 주장의 객관적인 진실 여부와 논쟁하는 사람들, 논쟁을 듣는 사람들이 모두 인정함으로써 생긴 진술의 효력은 전혀 별개의 것이다. 다시 말하자면, 어떤 주장이 '진리의 편에 서 있는가'와 그 주장이 '논쟁 상대·논쟁을 듣는 청중 모두의 동의를 얻어 진리의 편에 선 것처럼 보이는가'는 전혀 별개의 문제라는 얘기다. 이 책에서 내가 추구하는 것은 후자의 논쟁 대화법이다.

∞

인간이 가진 태생적 '악의'에서
논쟁 대화법이 탄생했다?

논쟁 대화법은 어디서, 어떻게 생겨났을까? 흥미롭게도, 인간이라는 생물 종이 가진 태생적 '악의'에서 비롯한 것으로 나는 본다. 그도 그럴 것이 이 악의가 없었다면 사람들은 근본적으로 정직했을 것이기에 무자비한 공격과 속임수가 난무하는 논쟁 상황 자체가 벌어지지 않았을 테니 말이다. 또 만일 그랬다면 사람들은 무슨 토론을 하든 애초에 자신이 내세운 의견이 맞는지, 상대가 내세운 의견이 맞는지 여부 따위에는 관심도 두지 않고 오로지 진실을 밝히는 일에만 모든 노력을 기울였을 것이다. 또 만일 그랬다면 자기 의견이 맞는지는 상관없거나 부차적인 요소로 받아들였을 것이다. 그러나 현실은 이와는 정반대다. 인간은 지성과 관계된 일이라면 특히 예민하게 반응하는 묘한 감정과 허영심 탓에 자기주장이 틀릴 수 있고 상대 주장이 옳을 수 있다는 사실을 받아들이지 못한다.

당신은 이렇게 생각할 수도 있다. '그렇다면 올바른 판단을 내리기 위해 노력하면 되지 않을까?', '주장을 말하기 전에 깊이 잘 생각하면 되지 않을까?' 문제는 이것이 생각처럼 쉽지 않다는 데 있다. 대다수 사람이 허영심에 더해 떠벌리고 꾸며서 말하는 태도를 함께 타고나기 때문이다. 그 탓에 생각 없이 말해 버리고 나중에야 자기주장이 틀렸다는 걸 깨닫는다. 이럴 때 사람들은 속마음을 숨긴 채 겉으로는 그 반대인 것처럼 보이려고 애쓴다. 참된 명제를 증명하고자 하는 유일한 동기였던 진리를 향한 관심을 마음속에서 몰아내고 허영심을 채우려는 욕심에 그 자리를 내주고 마는 것이다. 이렇게, 참은 거짓이라는 오명을 쓰고 거짓이 진실로 둔갑한다.

∞

사람들은 왜 거짓말해서라도
논쟁에서 이기고 싶은 유혹에 쉽게 빠질까?

다만 거짓말이나 옳지 않은 진술을 인정하지 않고 고집스럽게 내세우는 태도에도 이유는 있다. 사람들은 누구나 처음에는 자기주장이 옳다고 굳게 믿는다. 그러나 상대 논리가 바른 것처럼 보이고 그것이 자기 논리를 뒤집는 것으로 보이면 쉽게 백기를 들고 투항한다. 그러다가 한참 시간이 지나서 곰곰 생각해 보면 자기주장이 틀린 것이 아니라 논리를 뒷받침할 증거를 잘못 선택한 탓이라는 사실을 깨닫는다. 잘 찾아 보면 분명 자기 논리를 뒷받침해 줄 근거가 있을 텐데, 운 나쁘게도 논쟁을 벌일 때 그것이 머릿속에 떠오르지 않았을 뿐이라고 생각한다. 그리하여 상대의 반론이 아무리 정당해 보이고 결정적인 것 같아도 그 정당성은 그저 겉으로만 그럴듯해 보일 뿐이라고 치부한다. 그리고 그 연장선에서 논쟁 중에 자기

주장의 정당성을 확보하는 데 필요한 근거가 떠오를지 모른다는, 그럼으로써 상대의 논리를 무력화할 수 있다는 믿음으로 부단히 싸워야 한다는 지론이 자리 잡는다.

그러다 보니 논쟁 중에 거짓말해서라도 이기고 싶은 유혹에 쉽게 빠진다. 어쩌랴, 인간 이성의 나약함과 비뚤어진 의지가 이런 식으로 서로 경쟁하듯 상승 작용을 일으키는 것을. 결국 논쟁하는 사람은 수단과 방법을 가리지 않고, 자신이 가진 모든 것을 걸고 진실이 아닌 오직 자기 주장을 지키고 정당화하기 위해 싸운다. 지금까지 살펴보았듯 이런 메커니즘을 피할 도리는 없다.

∞

'판단력'과 '대화술'은
누구나 타고나는 능력이 아니다

논쟁하는 사람은 자기주장이 사실과 다르다는 걸 알게 되었거나 의심스러워도 일단 밀어붙일 수밖에 없다.[3] 이 과정에 그들은 교활함과 속임수, 악의를 보조 도구로 사용한다. 이런 팽팽한 긴장 속에서 논쟁 상황이 반복되다 보면 경험이 쌓이게 마련이다. 그리하여 마치 사람마다 자기만의 논리 감각을 타고나기라도 한 듯 자연스러운 대화술을 습득하고 사용하게 된다.

다만 대화술은 논리학만큼 강력하게 논쟁하는 사람을 이끌어 가지 못한다. 왜일까? 기본적으로 인간은 논리 법칙에 어긋나게 생각하거나 추론하기 어려운 사회적 존재이기 때문이다. 그러므로 옳지 않은 판단을 내리기는 쉬워도 옳지 않은 추론을 하는 일은 매우 드물다. 단언하건대, 아무런 논리 감각도 타고나지 않은 사람은 거의 없다.

그러나 대화술은 다르다. 탁월한 대화술을 타고나는 사람은 매우 드물다. 말하자면, 논리에 대한 감각과 달리 대화술은 모두에게 고르게 주어지는 천부의 능력이 아니다. 판단력도 마찬가지여서, 사람마다 제각각 타고난 크기가 다르다.

실제로는 올바른 주장인데도 잘못된 논리에 휘말려 부정되거나 격렬한 반론에 부딪히기도 하고, 때로는 그 반대 현상이 일어나기도 한다. 사정이 이렇다 보니 말싸움, 즉 논쟁에서 누군가가 이겼다고 해서 반드시 그가 올바른 판단력과 논리로 주장을 폈다고 보기는 어렵다. 아니, 그보다는 매우 교묘하고 수완 좋게 자기주장을 방어한 결과일 가능성이 크다.

세상일이 다 그렇듯, 판단력과 대화술 역시 재능을 타고날 수 있다면 가장 좋다.[4] 그게 아니라면 부단한 노력과 연습을 통해 상대의 논리를 무력화할 만한 논리나 표현, 상대가 다른 사람과의 논쟁에서 이길 때 자주 사용하는 기술 등을 미리 파악하고 배워 두면 유리하다.

논리학이 실용적인 면을 갖지 못할 때 대화술은 유감없이 쓸모를 발휘하기도 한다. 아리스토텔레스는 논리학(분석학)을 대화술의 기초이자 밑거름으로 삼았다. 대화술은 아리스토텔레스의 주요 관심 주제에 속했던 것으로 보인 다. 논리학은 문장 형식과 밀접한 관련이 있는 데 반해 대화술은 그 형식 안에 담긴 것, 재료, 내용 등과 관련이 있다. 아리스토텔레스가 '특수로서의 내용'을 살피는 것보다 '보편으로서의 형식'을 살피는 것을 우선시해야 한다고 말한 것은 그런 맥락에서였다.

아리스토텔레스는 대화술의 목적을 내가 이 책에서 드러내 보여 주는 것처럼 치밀하고 예리하게 규정하지는 않았다. 물론 그는 대화술의 주요 목적을 '논쟁에서 이기는 일'로 명시하기는 했으나 동시에 '진리를 깨우치는 일'의 중요성도 강조했다.(『토피카(Topica)』 제1권 제2장) 여기에 이어서 그는 다음과 같이 덧붙였다.

"비록 우리는 철학적 관점에서 문장의 진위를 따지지만, 대화술의 관점으로는 겉으로 드러나는 논쟁의 형태, 논쟁 상대의 반응, 청중의 호응 등을 기준으로 삼는다."

—『토피카』 제1권 제12장

한 문장(논지)의 거짓이 없는 사실, 즉 진실성 여부와 그 문장의 유효성, 즉 그 문장을 인정하고 받아들이는 것은 전혀 별개의 일이라는 것을 아리스토텔레스는 명확히 이해했으며, 실제로 둘을 분리해서 다루었다. 그렇기는 해도 그는 위의 두 가지 중 후자만이 대화술과 관련이 있다는 사실을 명료하게 밝히지는 않았다.[5] 때로 후자의 목적을 달성하기 위한 규칙이 전자의 목적을 달성하기 위한 규칙 안에 뭉뚱그려져 있곤 한 것은 그런 연유에서다. 그런 까닭에 나는 아리스토텔레스가 더할 나위 없이 실용적이어야 할 자신의 목적을 달성하지 못했다는 점을 의아하게 생각한다.[6] 그도 그럴 것이 그는 『토피카』에서 자신이 가진 지성의 힘을 최대한 활용하여 매우 체계적이면서도 효과적으로 대화술을 정리했기 때문이다. 그는 『분석론』에서 정해진 형식에 따라 개념, 판단, 추론을 자세히 살펴본 다음 구체적인 내용으로 넘어간다. 여기서 내용은 오로지 개념과만 관련을 맺고 있다. 개념 안에 내용이 들어 있기 때문이다.

∞

아리스토텔레스의 대화술 개념의
명백한 한계는?

아리스토텔레스에 따르면, 문장과 추론은 형식에 지나지 않는다. 그리고 개념은 형식 안에 담긴 내용이다.[7] 개념은 다음과 같이 전개된다.

모든 논쟁은 하나의 명제 혹은 문제(이 둘을 구분하는 것은 형식이다)와 이를 해결하는 데 사용되는 문장으로 구성된다. 여기서 문장은 개념 간의 관계를 다루며, 이 관계는 다음의 네 가지로 이루어진다. 1. 정의(definitum) 2. 분류(genus) 3. 고유성(proprium, 혹은 본질적 특성) 4. 부수성(accidens, 혹은 특수성)이 그것이다. 모든 논쟁에서 다루는 문제는 반드시 위의 네 가지 범주 중 하나 이상과 관련이 있다. 이것이 바로 아리스토텔레스의 대화술을 이루는 기초다.

아리스토텔레스는 여덟 권으로 이루어진 자신의 책

아리스토텔레스(Aristotélēs, 384~322 BC)

『토피카』에서 위의 네 가지 관점으로 개념이 상호작용하고 관계를 맺는 방식을 정리해 보여 주었으며, 모든 상황과 경우에 적용될 수 있는 규칙을 제시했다. 말하자면 그는 하나의 개념과 다른 개념이 어떤 식의 관계를 통해 정의, 분류, 고유성, 부수성 중 하나가 되는지 밝히고자 했다. 그리고 그는 그러한 관계 정립 과정에 흔히 일어나는 실수가 무엇이고, 당신이 그런 관계를 직접 제시할 때 어떤 일이 벌어질 수 있는지, 또 논쟁 상대가 그런 관계를 제시할 때 그것을 효과적으로 논박하기 위해 어떻게 하면 되는지 등도 보여 주고자 했다. 그런 구체적인 규칙을 제시하는 것이나 계층화된 개념 간의 전반적인 관계를 제시하는 것을 아리스토텔레스는 '토포스(Topos)' 또는 '로쿠스(Locus)'라고 명명했으며, 총 382개의 토포스를 정리해 소개한 것이 바로 『토피카』다. 그리고 그는 여기에 논쟁을 둘러싼 보편적인 규칙을 덧붙였는데, 그다지 자세한 내용을 다루지는 않는다.

토포스란 무엇인가? 이는 어떤 물질이나 구체적인 형태를 가진 사물이 아니며 개념도 아니다. 그보다는 다양한 층위를 가진 여러 개념 간의 관계에 가깝다. 즉 어떤 논쟁에든 존재하면서 앞에서 언급한 네 가지 **범주**를 안경 삼아 자세히 관찰하면 곧바로 드러나는 수많은 개념 간의 관계로 정의할 수 있다.

이 네 가지 범주는 다시 하위 범주로 나뉜다. 다만 이들 범주를 깊이 생각하고 연구하는 일은 기본적으로 상당히 형식적일 수밖에 없다. 물론 그렇다고는 해도 논리학에서처럼 온전히 형식적인 방식은 아니지만 말이다. 예컨대 B가 A의 정의, 분류, 고유성, 부수성 중 하나거나 목적, 원인, 결과, 성질, 결핍 등의 하위 범주가 되기 위해서는 A라는 개념의 내용이 B라는 개념의 내용과 어떤 관계에 놓여야 하는지 제시해야 한다. 그리고 모든 논쟁은 바로 이런 특수한 관계를 둘러싸고 돌아가는데, 이러한 관계성이 하위 범주를 나누고, 연구하고, 다루는 일을 '상당히 형식적으로' 만든다.

아리스토텔레스가 '토포스'라는 이름으로 부르면서 이 관계를 설명하기 위해 사용하는 대부분의 규칙은 다양한 개념 사이의 복잡다단한 관계 속에 이미 내재한 본성이다. 논쟁에 참여하는 사람이라면 누구나 논리를 의식할 수밖에 없으며, 상대도 당연히 그러하리라 여긴다. 이와 마찬가지로, 논쟁 참여자들은 앞에서 언급한 관계 역시 당연한 것으로 받아들인다.

추상적인 토포스를 하나하나 빠짐없이 기억해서 사용하는 일과 단순히 토포스가 실제 사례에서 사용되었느냐 사용되지 않았느냐를 판단하는 문제 중 어느 것이 좀 더 현실적일까? 당연히 후자다. 사실 대화술을 실제 논쟁에서 활용하는 것이 그리 대단한 일은 아니다. 아리스토텔레스는 명백하면서도 상식적 판단으로 이해할 수 있는 것만 선별해서 다루었다. 예를 들자면, 다음 문장 같은 것이 그런 경우다.

"어떤 사물의 속(屬, genus)에 대한 주장이 제기된다면 이 속이 포함된 종(種, species) 역시 기본적으로 그 사물에 해당해야 한다. 이 논리가 성립하지 않으면 그 주장은 틀린 것이다. '영혼은 움직임을 갖는다'라는 주장을 예로 들어 보자. 이 경우 비행하기, 걷기, 성장하기 등과 같은 특정 종류의 움직임 역시 영혼의 특성이어야 한다. 그렇지 않으면 '영혼은 움직임을 갖는다'라는 주장은 틀린 것이다. 즉, 어떤 것이 하나의 종에 해당하지 않으면 그것은 속에도 해당하지 않는다. 이것이 토포스다."

위에 인용한 아리스토텔레스의 문장 중 마지막 부분의 문장, 즉 "어떤 것이 하나의 종에 해당하지 않으면 그것은 속에도 해당하지 않는다"를 뒤집어서 생각해 보자. '어떤 것이 하나의 속에 해당하지 않으면 그 속을 아우르는 종에도 해당하지 않는다'가 된다. 이에 대해 구체적인 예를 들자면, '어떤 사람이 다른 사람에게 비난받았다'라는 주장이 있다고 해 보자. 이때 그 다른 사람이 그 순간에 아무 말도 하지 않았다는 사실을 증명한다면 앞의 주장은 성립하지 않는다. '속'이 없다면 '종'도 존재하지 않기 때문이다.

아리스토텔레스의 『토피카』의 '고유성'에 관한 항목 중 215번째 토포스에는 다음과 같이 명시돼 있다.

"첫째, 반박에 관하여: 논쟁 상대가 감각으로만 인지할 수 있는 뭔가를 고유성으로서 제시했다면 자충수를 둔 셈이다. 왜냐하면 모든 감각적인 것은 감각의 영역에서 벗어나는 그 순간부터 불확실해지기 때문이다. '상대가 태양의 고유성

으로서 땅 위를 지나는 가장 밝은 천체라는 점을 피력했다'
라고 가정해 보자. 이 진술은 해가 지고 나면 효력을 상실한
다. 태양이 땅 위를 지나는지 지나지 않는지부터 감각의 영
역을 벗어나기 때문이다.

둘째, 주장의 영역에 대하여: 감각으로 알아차리지 못하
는 것, 혹은 감각으로 알아차리더라도 필수 불가결한 것을
고유성의 영역으로 제시할 때 오류가 생기지 않는다. '표면
의 고유성으로서 이것이 가장 먼저 착색된다'라는 주장을
예로 들어 보자. 이 주장은 감각에 따른 특성인 것은 맞지만
어떻게 보아도 항상 존재하는 특성이므로 참이다."

아리스토텔레스의 대화술 개념을 대략적으로 정리하
자면 이쯤 요약할 수 있다. 나의 관점에서 볼 때 이는 목
적을 달성하지 못한 불완전한 개념이며 설익은 과일이다.
내가 다른 방법을 시도하고 다른 나무에 관심을 기울일
수밖에 없었던 것은 그런 연유에서다.

키케로의 『토피카』는 아리스토텔레스의 연구 결과를
기억에 의존해서 모방한 것인데, 아무리 좋게 봐도 논리
정연하지 못하고 엉성하다. 키케로는 토포스가 과연 무엇

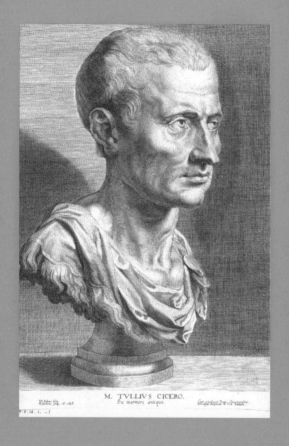

M. TVLLIVS CICERO.
Ex marmore antiquo.

마르쿠스 툴리우스 키케로(Marcus Tullius Cicero, 106~43 BC)

이며, 목적은 또 무엇인지 명확히 밝히지 못했다. 그런 터라 아무 재료나 골라잡아 닥치는 대로 이런저런 법률적 사례를 가져다 쌓아 놓기만 했다. 나는 개인적으로 이 책이 키케로의 많은 저작 중 가장 형편없는 것이라고 생각한다.

∞

논쟁 대화술은
'머리로 하는 검술'이다

대화술을 정확하게 구사하려면 어떻게 해야 할까? 논리학의 주요 대상인 '객관적 진실' 여부에 집착하지 말고 대화술을 '정당성을 확보하는 기술'로 보아야 한다. 물론 만일 당신이 논쟁 상황에서 올바른 주장을 펼치고 있다면 정당성을 얻기가 한결 수월할 것이다. 어찌 됐든 당신은 대화술에서 온갖 종류의 공격, 그중에서도 특히 허위 주장을 효과적으로 방어하는 방법과 자기모순에 빠지거나 상대에게 반박할 기회를 주는 일 없이 적절한 논박으로 그의 주장을 무력화하는 방법 등을 모두 배울 수 있다. 당신은 객관적 진실을 찾아 밝히는 일과 자신의 주장을 설득력 있게 피력하여 논쟁을 듣는 사람들에게 인정받는 기술을 엄격히 구분해야 한다.

전자, 즉 객관적 진실을 밝히는 일은 전혀 다른 행위의 과업일 뿐 아니라 판단력, 사고력, 경험의 작동이며, 여기에는 특정한 기술이 필요한 것도 아니다. 그에 반해 후자, 즉 자기주장을 설득력 있게 펼쳐 다른 사람들에게 인정받는 것이야말로 대화술의 목적이다.

이제껏 대화술은 '허상의 논리학'으로 정의되어 왔다. 이는 틀린 주장이다. 만일 이 주장이 맞는다면 대화술이 오로지 거짓 문장을 정당화하고 변호하는 데에만 쓰였을 테니까. 맞는 주장을 펼칠 때도 대화술은 필요하다. 억지 주장에 제대로 대응하려면 그것을 사전에 간파하고 있어야 한다. 논쟁이 벌어지면 당신은 상대가 당신의 논리를 깨기 위해 사용한 무기를 활용해 오히려 역공에 나설 수도 있다.

대화술에서는 객관적 진실을 논외로 하거나 운이 좋으면 만날 수도 있는 것으로 생각해야 한다. 당신은 오로지 당신의 자기주장과 논리를 견지하고 상대의 논리와 주장을 꺾는 일에만 집중해야 한다. 논쟁 상황에서는 어디에 있는지도 모르는 객관적 진리에 연연할 필요가 없다.[8] 논쟁이 벌어지면 때로 자신이 옳은지 그른지 확신이 서지 않을 때도 있을 것이다. 그냥 그렇다고 믿지만 실제로는 착각일 때도 있을 것이다. 그리고 당신과 논쟁 상대 모두 그렇게 믿는 경우도 적지 않을 것이다. 고대 그리스 철학자 데모크리토스의 말대로 "진리는 심연 속에 있기(veritas est in puteo)" 때문이다.

대다수 사람은 논쟁이 시작될 때 '진실이 자기 편'이라고 믿는다. 그러나 시간이 지나고 논쟁이 진행되면서 논쟁 상대 양측 모두 확신을 잃고 회의에 빠진다. 결국 진실을 확정하는 것은 논쟁의 결과뿐이다. 이렇듯 대화술은 진리나 진실과는 아무 관련이 없다. 생각해 보자. 죽고 사는 결투에 나선 검투사가 자기가 옳은지 그른지 신경 쓸 여유가 있는가? 한마디로 대화술은 '머리로 하는 검술'이다. 찌르기와 막기, 이 두 가지에만 매진하면 된다. 이렇게 단순한 관점으로 보아야만 대화술이 효과적인 특유의 기술로 정립된다. 만일 당신이 객관적 진실만을 목적으로 둔다면 당신은 다시금 '단순한 논리학(Logik)'에 머물고 말 것이다. 반대로 만일 당신이 그릇된 주장(문장)을 정당화하는 일에만 몰두한다면 고대 그리스의 소피스트처럼 궤변(Sophistik)에 갇히게 될 것이다.

앞에서 언급한 대로, 이 두 가지 또한 당신이 객관적으

데모크리토스(Dēmókritos, c. 460~c. 370 BC)

로 무엇이 옳은지 그른지 알고 있다는 것을 전제로 한다. 다만 이것을 사전에 간파하기란 하늘의 별 따기만큼 어렵다. 대화술의 본질은 주장 그 자체다. 이런 맥락에서 대화술을 논쟁이나 토론에서 정당성을 얻기 위해 수행하는 '정신의 검술' 혹은 '논쟁 대화술(Dialectica eristica)' 등으로 부르면 적절하지 않을까 싶다. 이치에 맞지 아니하게도, 논쟁 대화술이 오랫동안 홀대를 받아 온 것이 사실이다. 그러나 알고 보면 이는 놀랍도록 쓸모 있는 기술이다.

이런 맥락에서 논쟁 대화술은 사람들이 말싸움할 때 자신이 진실의 편에 서 있지 않다는 사실을 깨달았음에도 자신이 옳다고 계속 주장하고 싶을 때 사용할 수 있는 유용한 기술을 다룬다. 좀 더 구체적으로, 논쟁 대화술은 이런 사람들이 본능적으로 사용하는 기술을 하나하나 설명하고, 체계와 규칙 형태로 정리한 것이다. 만일 당신이 학문적으로 구축한 논쟁 대화술을 동원하여 객관적 진리를 깨치고자 한다면 오히려 목적을 달성하기 요원할 수도 있다. 왜냐하면 학문적 논쟁 대화술은 그만두고 원초적 논쟁 대화술에서조차 그런 일은 좀처럼 일어나지 않고, 오직 이기는 것만이 목표가 되기에 십상이기 때문이다.

여기서 제시한 학문적 논쟁 대화술의 주된 역할은 논쟁에서 흔히 등장하는 허위 주장을 알아보고 철저히 분석하는 데 있다. 그렇게 함으로써 실제 논쟁에서 그런 식의 허위 주장을 쉽게 간파하고 무력화시킬 수 있기 때문이다. 이런 맥락에서 논쟁 대화술을 실제로 구사할 때 궁극적이면서도 구체적인 목적으로 삼아야 할 것은 객관적 진리가 아닌 '이기는 것'이다.

나는 이런 맥락으로 쓰인 저작물이 있는지 백방으로 알아보았으나 단 한 권도 찾지 못했다.[9] 말하자면, 이는 인간의 손길이 닿지 않은 태곳적 비밀을 간직한 미증유의 영역이었던 셈이다. 그렇다면 당신이 논쟁 대화술의 목적을 달성하기 위해, 즉 논쟁에서 이기기 위해 어떻게 해야 할까? 먼저, 자기 경험을 재료로 삼아 일상에서 흔히 벌어지는 논쟁 상황에서 양측이 구체적으로 어떤 특별한 대화술을 구사하는지 유심히 관찰해야 한다. 그런 다음 비록 형식은 달라지더라도 반복되는 대화술을 날카롭게 간파하고 가려낼 수 있어야 한다. 또 그렇게 함으로써 효과적인 전술(Stratagemata)을 완전히 자기 것으로 만들어 한편으로는 자신을 위한 유용한 도구로 사용하면서 동시에 상대방이 그것을 구사할 때 무력화시킬 수 있어야 한다.

다음에 이어질 내용은 그러한 시도의 첫 발걸음이라고 보아도 좋다.

Eristische

∞

모든 논쟁 대화술의
기초

　　무엇보다 먼저 모든 논쟁의 본질을 파악하고 실제로 그 상황에서 무슨 일이 일어나는지 면밀히 관찰해야 한다. 논쟁이 시작되면 상대가 하나의 명제를 제시한다 (상대가 아닌 당신이 먼저 명제를 제시할 수도 있다). 상대의 명제를 반박하기 위해 당신은 두 가지 수단(무기)과 방식을 사용할 수 있다.

　1. 수단: a) 사안 논박(ad rem) b) 사람 논박(ad hominem). 혹은 상대가 인정한 내용을 전제로 반론하기(ex concessis)

　상대가 제기한 명제가 사안의 본질 혹은 객관적인 사실과 부합하지 않음을 날카롭게 지적하라. 또한 바로 그 명제가 상대가 이미 내세운 다른 주장이나 인정한 점 같은 상대적이고도 주관적인 내용과 들어맞지 않는다는 점을 지적하라. 그 연장선에서 상대적이고 주관적인 내용 혹은 진실은 목표에 도달하기 위해 밟아야 하는 중간 과정, 즉 사다리 같은 것일 뿐 객관적 진리와는 아무 상관이 없다는 것을 명심하라.

2. 방식 : a) 직접 반론 b) 간접 반론

직접 반론은 명제의 근거를 공격하는 것이며, 간접 반론은 논리적 추론을 문제 삼아 조목조목 반박하는 것이다. 직접 반론은 명제가 참이 아님을 들춰내지만, 간접 반론은 그 명제가 참일 가능성이 전혀 없음을 밝혀낸다.

a) 직접 반론은 다음의 두 가지가 가능하다. 첫째, 상대가 펴는 주장의 근거가 틀렸음을 지적한다(상위 개념을 반박함으로써 하위 개념도 함께 반박하기, nego majorem; minorem). 둘째, 추론의 근거는 옳다고 인정하더라도 그 근거로부터 해당 주장이 도출될 수 없음을, 즉 추론의 과정과 결과가 모두 잘못되었음을 지적한다(추론 반박하기, nego consequentiam).

b) 간접 반론: 우회와 반례

첫째, 우회(apagoge): 먼저, 상대의 추론(문장)이 참이라고 가정한다. 그런 다음, 이미 참으로 인정받은 그 추론(문장)과 다른 추론(문장)을 연결하여 전제로 삼는다. 그리고 이 전제에서 명백히 거짓인 어떤 결론을 도출하는 과정을 보여 준다.

이 과정에 소크라테스가 『히피아스(Hippías meízōn)』 등에서 그랬듯, 사안의 본질[10] 혹은 상대의 다른 주장과 모순을 일으키므로 필연적으로 거짓일 수밖에 없는 경우('사안 논박' 혹은 '사람 논박')를 적시한다. 이로써 해당 문장은 거짓이라는 점이 자연스럽게 드러난다. 왜냐하면 틀린 전제에서 항상 틀린 결론만 나오는 것은 아니지만 전제가 참일 경우 여기서 추론되는 문장은 반드시 참이기 때문이다.

둘째, 반례(exemplum in contrarium): 논쟁 상대가 한 진술의 하위 개념에 속하지만, 그가 말한 보편적 명제가 통하지 않는 개별 사례를 열거하여 해당 명제를 반박한다.

소크라테스(Socrates, c. 470~399 BC)

여기까지가 논쟁의 기초 구성이자 골격이다. 이로써 당신은 '논쟁의 근골격학'을 배운 셈이다. 단언하건대, 모든 논쟁은 근본적으로 이 구조 안에서 이루어진다. 다만 이 모든 것이 진짜로 일어나기도 하며, 때론 진짜 논거와 가짜 논거가 뒤섞이기도 한다. 이것을 명확히 구별하는 일이 결코 쉬운 일이 아니므로 토론은 길고도 완고한 싸움이 된다. 설령 누군가가 친절하게 안내해 준다고 해도 그누구도, 심지어 논쟁 당사자들조차 어떤 말이 참이고 어떤 말이 거짓인지 판별하지 못한다. 그러므로 여기서 내가 다룰 내용은 객관적으로 옳은가 그른가와 전혀 관련이 없다. 사실 이 문제는 당신도 나도, 아니 그 누구도 모른다. 그것을 가리는 것이 말싸움, 즉 논쟁이다. 여기에 하나를 덧붙이자면, 그 어떤 논쟁에서도 논쟁의 당사자들은 반드시 그들이 맞닥뜨린 문제를 명확히 판단할 기준, 즉 한 가지 원칙에 동의해야 한다는 점이다. 왜냐하면 원칙을 부정하는 이와는 논쟁할 수 없기 때문이다(Contra negantem principia non est disputandum).

1

고대인에게 '대화법(Dialektik, 대화술, 토론술, 변증술)'은 논리학(Logik)과 동의어로 사용됐으며 이는 지금 시대에도 마찬가지다.

2

'논쟁'은 '토론'의 다소 강한 표현이다. 아리스토텔레스는 수사학(Rhetorik)과 대화법(대화술)을 한데 묶어 이 둘은 '설득'을 목적으로 한다고 했고, 분석학(Analytik)과 철학(Philosophie)을 한데 묶어 이 둘은 '진리 추구'에 목적이 있다고 했다(디오게네스 라에르티오스, 『유명한 철학자들의 생애와 사상(Vitae Philosophorum)』제5권, 「아리스토텔레스의 생애」). "대화법은 우리가 무언가를 반박하거나 증명을 통해 주장할 때, 특히 질문하고 대답하는 과정에서 필요로 하는 언변 기술이다."(디오게네스 라에르티오스, 『유명한 철학자들의 생애와 사상』제3권, 「플라톤의 생애」)

아리스토텔레스는 이렇게 구분했다.

- 논리학 또는 분석학: 절대적이고 온전히 참인 결론에 도달하기 위한 이론 혹은 사용법
- 대화법: 참으로 보이는(probabilia, 『토피카(Topica)』제1권, 제1장, 제12장) 결론에 도달하기 위한 법칙. 여기서 그것이 실제로 순수하게 참인지 거짓인지 밝히는 것은 중요하지 않으며 밝혀지지도 않는다.

그렇다면 이것은 당신이 정말 맞든 틀리든 상관없이 논쟁에서 이기게 해 주는 기술과 무엇이 다른가? 무슨 일이 됐든 진리의 편으로 보이는 것을 만들어 내는 기술이란 뜻이 아닐까? 앞서 이야기한 것도 이런 맥락에서다.

이처럼 아리스토텔레스는 추론방식을 논리학과 대화법으로 구분한 다음 논쟁술과 궤변을 더했다.

- 논쟁술: 추론방식은 참이나 문장 자체, 즉 내용은 참이 아니며 그저 그렇게 보이는 것
- 궤변: 추론방식은 오류이지만 참으로 보이는 것

대화법, 논쟁술, 궤변은 객관적 진리가 무엇인지, 누구에게 있는지는 중요하지 않고, 그저 참으로 보이는 것, 정당성을 획득하는 것만을 목표로 한다는 점에서 논쟁 대화법에 속한다. 아리스토텔레스는 궤변적 추론에 대해 별도로 책을 집필했는데, 이는 대화법에 대한 마지막 저서였다.

3

마키아벨리는 군주들에게 다음과 같이 가르쳤다. "이웃의 모든 약점을 매순간 적극적으로 이용해 그를 쳐라. 안 그러면 상대가 당신의 약점을 매순간 노릴 것이다." 신의와 정직이 인간을 이끈다면 모를까, 그러한 것을 기대하기는 어렵다. 혹독한 대가를 치르기 싫다면 그런 미덕을 행사할 생각은 하지 말아야 한다. 논쟁에서도 마찬가지다. 상대의 말이 일리가 있다는 생각에 당신이 인정해 준다고 해도 상대가 당신의 말을 인정하는 일은 일어나지 않는다. 오히려 상대방은 수단과 방법을 가리지 않고 당신이 틀렸다고 밀어붙일 것이다. 그러니 당신도 그렇게 해야 한다. 우리가 추구해야 하는 것은 말이 아니라 진리라고 흔히 말한다. 하지만 남들이 이 가르침을 따를 거라고 생각하면 오산이다. 그러니 당신도 그렇게 해서는 안 된다. 아울러, 상대가 옳다고 여겨 섣불리 당신이 심사숙고해서 제기한 주장을 철회한다면, 순간적 느낌에 현혹되어 오류를 인정하느라 진실은 놓쳐 버릴 수 있다.

4

교육은 타고난 재능을 더욱 촉진한다(Doctrina sed vim promovet insitam. 호라티

우스 『시학(Ars Poetica)』 제4권, 제4장, 제33절).

5

다른 한편 아리스토텔레스는 그의 책 『소피스트적 논박(De Sophisticis Elenchis)』에서 대화술을 궤변론이나 논쟁술과 구분하려고 상당히 애를 썼다. 그가 언급한 차이는 '대화술적 추론은 형식과 내용에서 모두 참이지만, 논쟁술과 궤변론은 모두 거짓'이라는 점이었다(논쟁술과 궤변론을 가르는 차이는, 전자는 정당성을 획득하는 데 의의를 두지만 후자는 그로 인해 얻는 명성이나 금전을 목적으로 한다는 점 뿐이다).

어떤 진술이 그 내용면에서 참인지 아닌지는 매우 불확실하므로 진위 여부만 가지고는 추론의 형식이 무엇인지 구별하기는 어렵다. 게다가 적어도 한창 논쟁하고 있는 사람은 누구나 자신이 옳다고 강하게 확신한다. 더구나 논쟁이 어떻게 끝날지는 아무도 예측하지 못한다. 따라서 아리스토텔레스식 대화술에는 궤변론, 논쟁술, 검토론을 모두 포함시키고 이를 통틀어 '말싸움에서 정당성을 확보하는 기술'이라고 불러야 한다. 물론 이때 가장 확실한 방법은 애초에 정당성을 확보하는 것이다. 단지 그것은 인간의 사고체계로는 확실히 알아내기 어려운 영역인 데다, 다른 한편으로 이성의 취약점을 고려하면 반드시 필요한 것도 아니다. 어차피 전술이란 객관적인 정당성과는 별개의 것이기도 하고, 객관적으로 틀렸을 때 사용할 수 있는 전술이 따로 존재한다. 그리고 다시 말하지만 누가 정말 객관적으로 틀렸는지 백 퍼센트 확신하지도 못한다.

따라서 내가 보기엔 대화술과 논리학은 아리스토텔레스가 한 방식보다 훨씬 더 명확하게 구분되어야 한다. 논리학은 객관적인 진리를 다루는 형식에 관한 것에만, 대화술은 정당성을 방어하는 것에만 국한해야 한다. 반면 아리스토텔레스의 방식과 달리 궤변론과 논쟁술을 대화술과 구분할 필요는 없다. 이들 간의 차이는 객관적이고 물질적인 진리에 기반하나 우리가 미리 이를 선명하게 알기 어렵고, 그저 폰티우스 필라투스(본디오 빌라도)처럼 "진리란 무엇인가?" 하고 묻는 것이 최선이다. 데모크리토스의 말처럼 "진리란 저 심연 속에 있다(veritas est in puteo)". (디오게네스 라에르티오스, 『유명한 철학자들의 생애와 사상』 제9권) 말다툼할 때는 무엇이 진실인지 알아내는 것이 목적이라고 흔히 말한다. 그런데 문제는 그게 어디 있는지 모른다는 데 있다. 논쟁하다 보면 상대의 논박과 자신의 논박에 휩싸여 길을 잃게 마련이다. 더욱이 인간은 뭔가를 이해하고 나면 그것을 언어로 쉽게 표현하고 싶어 한다. 그동안 대화술과 논리학을 완전한 동의어로 써 왔기 때문에, 이제 이 영역을 일컬어 "논쟁적 대화술(Eristische Dialektik)"이라고 부르는 것이 좋겠다.

6

우리는 되도록 한 분야의 연구대상을 다른 분야의 대상과 뚜렷하게 구분해야 한다.

7

개념은 속과 종, 원인과 결과, 동일성과 상반성, 소유와 결여 같은 특정한 계층으로 나뉜다. 그리고 계층은 몇 가지 보편적 규칙이 통한다. 이것이 '토포스(Topos, 라틴어로는 로쿠스(Locus))'다. 예컨대 원인과 결과에는 각각의 토포스가 존재한다. "원인의 원인은 결과의 원인이다."(크리스티안 볼프, 『존재론(Ontology)』, 제928조) 응용하자면, "내 행운의 원인은 내가 가진 부다. 따라서 나에게 이 부를 준 사람 역시 내 행운의 창조자다" 같은 식이다.

대립의 토포스란 무엇일까. 1. 반대는 서로를 배제한다. 직선과 곡선이 그 예다. 2. 주체가 같다. 예컨대 사랑은 의지에서 기원하며 미움도 그렇다. 또한 미움이 감정에서 나온다면 사랑도 거기서 나온다. 영혼이 흰색이라면 검정일 수는 없다. 3. 낮은 수준이 성립되지 않으면 높은 수준도 성립되지 않는다. 즉, 어떤 사람이 못마땅한 심정을 갖고 있다면 호의도 품을 수 없다.

당신은 토포스가 개념의 전체 계층을 아우르는 확실한 보편적 진리라는 것을 알아차릴 것이다. 당신은 계층에 견주어 당면한 개별 사례를 고찰하고, 거기서 논리를 집어내고, 그것을 보편의 기준으로 삼을 수도 있다. 하지만 토포스는 매우 혼란스럽고 예외도 상당히 많은 편이다. 예컨대 '상반된 사물은 상반된 관계를 갖는다'라는 토포스가 있다. '미덕은 아름답지만 죄악은 추하다. 우정은 호의적이나 적의는 악의적이다' 같은 말이 그 예다. 다만 오류도 존재한다. 낭비는 죄악이다—따라서 인색함은 미덕이다. 바보는 진리를 말한다—따라서 현자는 거짓말쟁이다. 죽음은 소멸이다—따라서 생명은 생성이다.

이런 '토포스'의 기만성을 예시에서 살펴보자. 요하네스 스코투스 에리우게나는 그의 책 『예정론(De Divina Praedestinatione)』 제3장에서 신 안에 두 가지 예정(선택 받은 이 중 하나는 구원받고 버림받은 이 중 하나는 저주를 받는)이 있다고 가정한 이단자들에 반론을 제기하기 위해 '토포스'를 사용했다. (신만이 이것이 어디서 왔는지 아시리라) "서로 반대되는 것은 항상 그 원인이 서로 반대되어야 한다. 왜냐하면 이성은 하나의 동일한 원인이 서로 다른 상반되는 결과를 초래하는 것을 허용하지 않기 때문이다." 맞는 말이다! 다만 경험은 늘 좋은 가르침이 된다. 똑같이 열을 가했는데도 진흙은 단단해지고 밀랍은 부드러워진다. 이런 일은 헤아릴 수 없이 많다. 그럼에도 토포스는 꽤 그럴싸하게 들린다. 에리우게나는 토포스에 기반해 자신의 주장을 쌓아 올렸지만, 이에 대해 더 왈가왈부할 필요는 없을 것이다. 프랜시스 베이컨은 '토포스'를 집대성하고 일일이 반박한 『선과 악의 색채(Colores boni et mali)』를 집필하기도 했다. 우리는 이들을 예시로 사용하면 된다. 베이컨은 '토포스'를 궤변이라 칭했다. 『향연(Sympósion)』에서 소크라테스가 에로스에 아름다움, 선 같은 뛰어난 성질을 부여했던 아가톤에게 그 반대를 입증해 보이면서 사용한 논리도 하나의 토포스로 볼 수 있다. "우리가 무엇을 찾는다는 것은 그것이 우리에게 없다는 것을 뜻한다. 그런데 사랑은 아름다움과 선을 찾는다. 따라서 사랑엔 그들이 없다." 모든 것에 적용되고 수많은 다양한 사례가 가진 특수한 요소를 일일이 고려하지 않아도 될 만큼 확실하고 보편적인 판단 기준으로서의 진리가 존재할 거라는 인상은 착각이다('반대급부의 법칙'이 그런 토포스 중 하나다). 개념이 애초에 차이를

Eristische

추상화하여 생겨난 것이고 그로 인해 최대의 차이마저 포괄하기 때문에 그런 일은 불가능하다. 개념을 통해 서로 완전히 다른 종류의 개별 사물을 한데 묶을 수도 있고, 이들 사물을 상위 개념을 통해서만 파악할 수 있다면 이 차이가 다시 두드러진다. 그래서 말싸움을 하다 수세에 몰리면 어떤 보편적인 토포스를 방패삼아 곤경에서 벗어나는 것도 당연한 일이다", "자연은 경제적이다" "자연은 불필요한 것은 만들지 않는다"도 토포스다. 알고 보면 모든 격언은 실용적 성향을 가진 토포스다.

8

때론 두 사람이 진심으로 싸운 나머지, 논쟁이 끝날 때쯤엔 상대방 의견 쪽으로 마음이 기울어서 결국 서로 입장을 맞바꾸기도 한다.

9

디오게네스 라에르티오스에 따르면, 아리스토텔레스의 친구이자 제자인 테오프라스토스의 수사학 저서가 다수 있었지만 모두 유실되었다. 그중 한 저작의 제목이 『말싸움하는 이들을 위한 투쟁 교본』이다. 이것이 우리가 다루는 내용이다.

10

이 결론이 전혀 의심할 여지가 없는 진리를 위배하면, 당신은 부조리의 논박(ad absurdum)으로 상대 주장을 반론한 것이다.

Eristische

Dialektik

2

쇼펜하우어의 38가지 논쟁 대화술

확대해석하라

상대의 주장을 본래 의미의 경계 너머로 확장하라. 할 수 있는 한도 내에서 최대한 넓은 의미로 해석하고, 일반화하고, 과장하라. 동시에 당신의 주장은 최대한 좁게 의미를 축소시키고, 특정 한계 안의 의미로 제한해서 개진하라. 왜냐고? 어떤 주장이나 진술이 일반화할수록 공격당할 가능성도 높아지기 때문이다. 그러므로 이에 대비하려면 논점과 논쟁의 의도를 명확히 제시해야 한다.

예시 ①

언젠가 토론 자리에서 내가 이렇게 말했다.

"영국인은 극을 가장 잘 다루는 사람들입니다."

그러자 상대는 '반례'를 들어 나의 주장을 헛소리로 몰아세우고자 이렇게 말했다.

"영국 사람이 음악이든 오페라든 제대로 만들어 낸 게 없다는 건 누구나 알지 않나요?"

나는 그의 논박을 다음과 같은 말로 무력화시켰다.

"음악은 '극'의 개념에 포함되지 않습니다. '극'에는 비극과 희극만 포함된다는 사실을 누구나 알지 않나요?"

상대가 이 사실을 몰랐을 리 없다. 그저 그는 내 주장을 무작정 일반화해서 자신이 논쟁의 주도권을 잡고자 그런 말을 한 것임이 틀림없다. 그 연장선에서 그는 마치 '극'이 모든 형식의 공연을 의미하는 것처럼 확대해석하며 은근슬쩍 오페라를 포함한 음악을 끌어들인 것이었다. 아마도 그는 이렇게 하면 내 주장이 금세 힘을 잃고 무력화할 것으로 생각했던 게 아닌가 싶다. 이와 반대로, 이런 식의 논쟁에서 당신에게 좀 더 유리하다고 판단될 경우 애초 당신이 의도한 것보다 훨씬 축소해석해서 당신의 주장을 방어하라.

예시 ②

A: "1814년, 강화조약을 맺음으로써 독일 한자 동맹 도

시의 재독립이 가능했습니다."

A의 주장을 두고 B가 반례로써 '단치히는 보나파르트가 보장해 준 독립을 오히려 강화로 잃었음"을 들며 상기시키려 했다. 그러자 A는 다음과 같이 재반박했다.

A: "제 말을 잘못 이해하셨군요. 저는 분명하게 '독일 한자 동맹 도시'라고 말했습니다. 단치히(그단스크)는 독일이 아닌 폴란드의 한자 도시고요."

참고로, 이런 식의 대화술은 아리스토텔레스의 『토피카』제8권 제11장, 제12장에도 소개된다.

예시 ③

프랑스 생물학자 장바티스트 라마르크는 자신의 책 『동물철학(Philosophie Zoologique)』에서 "폴립(Polyp)은 신경 조직이 없으므로 지각 능력이 없다"라고 주장했다. 그러나 폴립이 지각 능력을 가지고 있다는 것은 명백한 사실이다. 녀석들은 빛이 있는 쪽으로 움직이고, 가지에서 다른 가지로 우아하게 옮겨 다니며, 날렵하게 먹이를 낚아챈다. 이런 사실을 근거로 학자들은 폴립의 몸 전체에 신경망이 녹아든 채 고르게 분포되어 있다는 추정을 하게 됐다. 그도 그럴 것이 폴립은 별도의 감각기관이 없는데도 지각 활동을 하기 때문이다. 위와 같은 추정은 라마르크의 주장과 상충하므로 그는 다음과 같은 논쟁 대화술로 자신의 논리를 방어했다.

"그렇다면 폴립의 모든 부위가 각종 감각을 지각할 수 있어야 하는 것은 물론 운동력, 의지력, 사고력 등도 갖추고 있어야 한다. 또한 그렇다면 폴립의 각 신체 부위는 가장 완벽한 동물이 가질 만한 전체 기관처럼 기능할 것이다. 이는 곧 폴립의 모든 부위가 보고 냄새 맡고 맛 보고 들을 수 있으며, 나아가 생각하고 판단하고 추론할 수 있다는 말이다.

폴립의 각 신체 부위가 하나의 온전한 개체인 셈이니, 따라서 폴립은 인간보다 상위에 위치할 것이다. 그도 그럴 것이 인간은 몸 전체가 다 같이 작동해야만 완전체로 기능하지만, 폴립은 신체 부위 하나하나가 완벽하게 기능하기 때문이다. 다시 그렇다면 모든 생물을 통틀어 가장 불완전한 단세포 생물은 물론 식물 등등으로 폴립과 관련된 가설을 확장하지 않을 이유가 없잖은가."

라마르크는 논쟁 대화술을 이용한 말재간을 부림으로써 옳지 않은 주장을 펼치고 있음을 넌지시 드러냈다. 그는 "(폴립의) 몸 전체가 빛을 지각하므로 이것을 신경 조직과 유사한 것으로 볼 수 있다"라는 사람들의 진술을 확대해석해, '그렇다면 폴립은 몸 전체가 생각도 할 수 있을 것'이라는 결론을 고의로 이끌어낸 것이다.

동음이의어를 사용하라

　　　　상대의 주장을 확장하려면 어떻게 해야 할까?
형태와 발음은 같지만 논쟁 상대가 의도한 맥락과 공통점
이 없는 어휘를 사용하길 권한다. 그렇게 하면 상대는 '잘
걸려들었다!' 속으로 쾌재를 부르며 반론을 제기할 것이
다. 이때 그의 그런 태도가 논쟁을 청취하는 사람들에게는
마치 자기주장을 스스로 부정하는 듯한 인상을 줄 것이다.
　알아 둘 점: 사전적으로 이음동의어는 같은 의미를 갖
는 다른 두 단어이며, 동음이의어는 두 가지 이상의 다른
뜻을 지니는 한 단어다(아리스토텔레스『토피카』제1권 제13장
참조). 예를 들어 보자. 독일어 'tief'는 사물에 대해서는
'깊은, 깊숙한', 소리에 대해서는 '낮은'이라는 의미로 사
용된다. 'schneidende'는 칼날이 '잘 드는', 소리가 '날카
로운'이라는 의미이고, 'hoch'는 가격이 '비싼', 소리가

'높은'이라는 의미다. 이들이 동음이의어다. 한편 독일어 'ehrlich'와 'redlich'는 발음은 다르지만 '정직한'이라는 같은 의미를 지닌 이음동의어다.

이 대화술은 궤변에서 사용되는 '동음이의어(ex homony-mia) 논박 방식'과 사실상 동일하다. 그렇기는 해도 궤변가들은 그저 상대를 가볍게 속이려 할 때 동음이의어를 활용할 뿐이다.

Omne lumen potest extingui. Intellectus est lumen.
Intellectus potest extingui.
모든 빛은 꺼질 수 있다. 이성은 빛이다.
따라서 이성도 꺼질 수 있다.

위 삼단논법에서 네 개의 단어, 즉 두 개의 lumen과 두 개의 Intellectus가 눈에 띈다. 여기서 글자 그대로의 '빛', 즉 lumen과 비유적 의미의 '빛', 즉 Intellectus는 엄연히 다르다. 그러나 같은 형태를 가진 두 단어가 의미가 비슷한 데다 서로 겹치는 부분까지 있는 미묘한 경우라면 누구나 헷갈리기 마련이다.

예시 ① [1]

A: "칸트 철학의 신비에 아직 입문하지 못한 모양이군요."

B: "신비라면 별로 가까이 다가가고 싶지 않아요."

예시 ②

언젠가 한 지인의 어리석음을 큰 소리로 꾸짖은 적이 있다. 왜냐하면 그는 '누군가가 자신에게 모욕을 줄 경우 더 큰 모욕으로 되갚아 주거나 적의 피 혹은 자기 피를 흘려서라도 부끄러움을 씻어 내지 않으면 자기 명예가 크게 훼손된다'라는 원칙을 세웠다고 말했기 때문이다. 이후 어떤 논쟁 상황에서 나는 그 일을 예시로 들면서 '누군가의 명예는 그가 빠진 불행으로 인해 훼손되는 것이 아니라 그가 하는 행동으로 실추되기 때문'이라는 논거를 제시했다. 그도 그럴 것이 인생을 살면서 무슨 일을 겪게 될지 아무도 알지 못하는 것 아닌가. 내 말을 들은 상대는 내가 제시한 논거를 직접 공격했다. 그는 어느 사업가의 경우를 예로 들었다. 그에 따르면, 그 사업가가 사기와 범법 행위에 더해 자기 기업을 방만히 경영했다는 누명을 썼을 때 그의 명예는 그에게 덮쳐 온 불행으로 인해 훼손된 것이며, 자기에게 누명을 씌워 곤경에 빠뜨린 자들을 처벌하고 파직해야만 비로소 명예가 회복될 수 있다고 교만한 투로 말했다.

당시 나의 논쟁 상대가 사용한 무기가 바로 동음이의어 전술이다. 여기서 잠시, '명예 훼손'의 개념을 짚고 넘어가자. 먼저, '좋은 평판'을 중시하는 시민의 명예에 대해서는 '명예 훼손'이라는 개념이 존재한다. 한편 기사도적 명예(point d'honneur)는 단순한 명예 훼손보다 훨씬 심각한 '모욕 행위'로 간주된다.

명예 훼손과 모욕 행위에 어떻게 대응해야 할까? 먼저, 명예 훼손에 대해서는 무시해 버릴 수 없으며, 공식적으로 반박하고 적극적으로 방어해야 한다. 모욕 행위 역시 무시해 버릴 수 없다는 점에서는 마찬가지지만 더 신랄한 공격이나 결투로 대응해야 한다. 나의 논쟁 상대는 '명예'라는 동음이의어를 물고 늘어져 서로 근본적으로 다른 사안을 뒤섞어 버렸다. 이는 동음이의어가 논점 흐리기 기법(mutatio controversiae)으로 사용된 적절한 사례다.

일반화하고 단순화하라

상대의 주장을 전혀 다른 맥락으로 뒤바꾼 다음 그것에 반론을 제기하는 전술이다. 일테면, 상대적 차원에서 제기된 주장을 보편적이고 절대적인 것으로 단순화하여 해석하는 방법이 여기에 해당한다.

아리스토텔레스는 다음과 같은 예를 들었다.

무어인의 피부는 검다.

그러나 그들의 치아는 하얗다.

그러므로 무어인은 검으면서 동시에 검지 않다.

물론 이는 작위적인 예시이며, 여기에 진짜로 속을 사람은 거의 없을 것이다. 자, 이번엔 내가 실제로 경험한 사례를 들어 보겠다.

예시 ①

　나는 철학에 관한 대화를 나누다가 나의 사상체계가 정적주의자(靜寂主義者, quietist)를 지지할 뿐만 아니라 그들을 칭송하고 싶어 한다는 것을 인정했다. 그러다가 우리 대화의 주제는 헤겔에 관한 이야기로 넘어갔다. 그 자리에서 나는 헤겔의 저술이 대부분 아무런 논리가 없거나 온갖 단어를 무작위로 늘어놓은 채 독자가 알아서 뜻을 해석하라고 써 놓은 구절이 많다고 주장했다. 그러자 나의 주장을 논박하기 위해 상대는 사안 논박 방식이 아닌 사람 논박 방식을 도구로 사용했다. 그에 따르면, 내가 정적주의자를 칭송하고 싶어 한다고 했는데, 그들의 주장이야말로 아무런 논리가 없지 않냐는 얘기였다.

　나는 일단 그의 말이 옳다고 인정한 뒤 다음과 같이 정정했다.

　"나는 저명한 철학자나 저술가처럼 대단한 학문적 성취를 이루었기 때문에 정적주의자를 칭송하고 싶다고 말한 것이 아닙니다. 그보다는 실천하는 자세와 행동을 긍정적으로 평가하기에 칭송하고 싶다고 말한 것이죠. 반면 헤겔에 대한 평가는 학문적 성취 수준과 도달 여부가 핵

심이었고요."

상대의 공격은 그렇게 힘을 잃었다.

지금껏 제시한 세 개의 논쟁 대화술은 서로 유사성이 있다. 세 가지 모두 당신이 제기한 주장과 서로 다른 것을 끌어온다는 공통점이 그것이다. 말하자면 논쟁 상대는 논지 무시(ignoratio elenchi) 기법으로 당신의 주장을 반박한다. 지금까지 소개한 사례에서 상대의 말은 원칙적으로 들리지 않았다. 그렇기는 해도 그들은 명제와 직접 관련이 있는 반론이 아니라 단지 그런 것처럼 보이는 가짜 반론을 폈다. 그러므로 그런 식의 논박을 받았다면 그의 추론을 부정하면 된다. 다시 말해, 상대의 주장이 참이라고 해서 당신의 주장이 거짓이라는 추론을 거부하고 상대의 반론을 직접 반박하면 되는 것이다(추론 부정하기, Per negationem consequentiae).

이제, 논쟁 상대가 당신의 결론을 섣불리 예측하지 못하도록 진짜 전제를 감추는 방법을 알아보자. 다음에 이어질 논쟁 대화술 4와 5가 그것이다.

Eristische

당신의 전략을 감춰라

당신이 결론을 내리기 전까지 논쟁 상대가 그것을 눈치채지 못하게 하라. 그러자면 어떻게 해야 할까? 우선, 논쟁이 진행되는 동안 상대가 눈치채지 못하게 당신이 추론하는 데 필요한 전제를 하나씩 흘려 놓고 교묘히 언급해 두어야 한다. 그러지 않으면 상대는 온갖 수단과 방법을 동원해서 당신의 계획에 딴지를 놓거나 방해하려 할 것이다.

논쟁 중에 상대가 당신의 주장을 뒷받침하기 위해 내세운 전제를 받아들이지 않을 것으로 짐작되면 전제의 전제를 깔아 두거나 예비 추론을 조금씩 해 두는 것도 좋다. 순서와 관계없이 예비 추론에 필요한 몇 개의 전제를 띄엄띄엄 던져 상대가 무의식중에 수긍하게 하는 것이다. 말하자면 이는 지금 눈앞에서 벌어지는 게임의 법칙을 교묘히 은폐하다가 효과적인 필요한 재료가 완벽히 갖춰졌을 때 갑자기 결론을 내리는 대화술이다.

토끼와 사슴 등 야생동물을 사냥하듯 바깥에서 안으로 주제를 좁혀 가라. 이 전술은 아리스토텔레스의 『토피카』 제8권 제1장에도 소개되어 있다. 이와 관련한 예시는 필요 없다.

거짓 전제를 사용하라[2]

가끔은 일부러 거짓 전제를 활용할 필요도 있다. 이 방법은 아무리 타당한 근거와 전제를 내세워도 논쟁 상대가 그것이 참인지 거짓인지 간파하지 못하거나, 그 전제가 당신이 제기한 가정을 입증할 직접 증거라는 걸 알아채고 무작정 부정하려 할 때 사용하면 좋다. 즉, 내용 자체는 거짓이지만 상대의 관점(사람 논박)에서는 참일 수도 있는 문장을 택해 상대의 사고체계(상대가 한 말을 향한 논박, ex concessis)에 맞게 결론을 끌어내는 방법이다.

이 대화술을 사용하면 틀린 전제에서도 올바른 결론이 나올 수 있다. 반면 참인 전제에서는 절대로 거짓 결론이 나올 수 없다. 이와 마찬가지로, 상대가 옳다고 주장하지만 사실은 틀린 전제를 도구로 그가 미리 깔아 둔 틀린 전제를 효과적으로 공략할 수 있다.

논쟁 상대에 초점을 맞추고 그의 사고체계를 최대한 활용하라. 이를테면 논쟁 상대가 당신과 다른 어떤 학파의 일원이라면 그 학파의 슬로건을 쟁점으로 삼아 반론을 펴는 것이다.[3]

은폐된 방식으로
논점을 선취하라

다음의 네 가지 방식으로 당신이 증명하고자 하는 내용을 선결 논제로 제시하라.

첫째, 다른 명칭(예를 들어 '명성' 대신 '명예', '미덕' 대신 '순결')을 사용하거나 같은 개념과 의미를 지닌 동의어를 사용한다(예를 들어 '척추동물' 대신 '적혈동물').

둘째, 개별 사례만 놓고 보면 다툼의 여지가 있으나 의미를 확장해서 생각하면 일리가 있을 경우 보편성을 먼저 역설한다(예를 들어 인간의 지식은 모두 불완전함을 전제하고, 이어서 의학의 불안정성을 주장한다).

셋째, 두 가지가 서로 증거도 되고 결론을 뒷받침하는 근거도 된다면 먼저 하나를 제시한 다음 다른 하나를 입증하면 된다.

넷째, 논쟁 상대가 개별 사례를 인정할 수밖에 없도록 논리를 편 다음 보편적인 것을 입증한다. 이는 앞의 둘째 방식과 반대다(아리스토텔레스의 『토피카』 제8권 제11장).[4]

질문하라

당신이 뭔가를 주장하고 이를 증명해야 하는 입장이며, 논쟁이 다소 엄격하고도 격식 있는 분위기로 흘러가고 있다고 가정해 보자.

이런 상황에서 당신이 논쟁 상대와 명확히 소통하기를 원한다면 질문으로 대화를 이끌어 가는 것이 좋다. 여기서 질문의 목적은 뭘까? 상대가 답변할 때 순순히 인정한 내용을 토대로 당신의 주장이 참임을 추론하기 위함이다.

이 문답법은 특히 고대 그리스에서 인기를 끌었으며, 오늘날에 이르기까지 '소크라테스 대화법'으로 불리며 사용되고 있다. 이 대화술은 이어서 소개할 다른 몇 가지 기술과도 밀접한 관계가 있다.[5]

질문할 때는 한꺼번에 여러 가지를 들어서 당신이 상대에게 어떤 내용을 인정하게 하려는지 눈치채지 못하게 하

라. 그런 다음 그가 인정한 내용에서 결론을 끌어낼 때 재치와 순발력을 발휘해야 한다. 왜냐하면 머리 회전이 느린 사람은 이 과정에 대화의 흐름을 놓치기 십상인 데다 증명 과정에서 생길 수 있는 오류나 허점을 놓치기 쉽기 때문이다.

상대를 화나게 만들어라

화난 사람은 자칫 판단력을 상실한 채 자기 장점을 적절히 활용하지 못하곤 한다. 노골적으로 부당한 행동을 하든 생트집을 잡든 수단, 방법 가리지 말고 뻔뻔하게 막무가내로 공격하여 논쟁 상대의 노여움을 불러일으켜라.

순서를 뒤죽박죽 바꿔 질문하라

당신이 원하는 결론을 끌어내는 데 필요한 질문을 굳이 순서에 맞게 던질 필요는 없다. 뒤죽박죽 순서를 바꿔 질문하라. 그렇게 하면 논쟁 상대는 어디서 어떻게 논박을 시작해야 할지 몰라 당황할 것이며, 어떤 논리를 펴야 할지 감을 잃고 헤맬 것이다. 반면에 당신은 상대의 답변을 역이용해 다양한 결론을 끌어낼 수도 있고, 그걸 뒤집어 반대되는 결론을 끌어낼 수도 있다. 당신이 어떤 전략을 펼칠지 은폐한다는 점에서 논쟁 대화술 4와 비슷하다.

당신이 원하는 답과 상반되는 질문을 던져라

당신의 주장을 증명하기 위해서는 논쟁 상대가 당신의 질문에 긍정적으로 답해야 할 때가 있다. 그러나 상대가 당신의 의도를 간파하고 의도적으로 '아니다'라고 답할 경우 어떻게 대응해야 할까?

당신이 펼치고자 하는 논리와 반대되는 논리로 질문을 던지고 긍정적인 답을 기대하는 듯 연기해 보라. 혹은 두 가지 질문을 연이어 던져서 당신이 마치 상대에게 선택권을 부여한 것처럼 행동하라. 이렇게 하면 상대는 당신이 던진 질문 중 어느 말에 긍정적으로 답해야 할지 몰라 혼란에 빠질 것이다.

보편적 진리가 증명되었으며
상대도 인정했다고 결론내려라

　　당신이 귀납법으로 주장을 펼치는 가운데 결론 도출을 위해 제시한 개별 사례를 논쟁 상대도 인정했다. 그렇다면 이럴 때 당신은 그 개별 사례로써 귀결된 보편적 진리를 상대가 인정하는지를 굳이 다시 확인할 필요는 없다. 당신은 그저 보편적 진리는 이미 증명되었으며 상대도 그것을 인정했다고 결론을 내리면 된다. 논쟁 상대는 스스로 인정한 사실이기에 더 할 말이 없을 것이며, 그 상황을 지켜본 청중 역시 개별 사례를 두고 오간 수많은 질문을 떠올리며 결론은 이미 내려졌다고 생각할 것이기 때문이다.

비유법을 사용하라

논쟁 대화술에 관해 이야기하다 보면 직유법, 은유법 같은 비유법으로 개념을 표현해야 하는 상황을 만나게 될 것이다. 그런 상황에서 당신은 될 수 있는 한 당신의 주장이 더 큰 설득력을 얻는 방향으로 비유를 선택하고 사용해야 한다.

스페인의 두 정당에 붙은 이름 '노예당'과 '자유당'의 사례를 떠올려 보자. 이 비유적 이름을 누가 붙였는지 뻔하지 않은가? 또 개신교를 의미하는 '프로테스탄트(Protestant, 저항자)'와 '복음주의자(Evangelical)'는 누가 붙인 이름일까? 이들 이름은 종파 스스로 짓고 붙인 이름인 반면 '이단(heretic)'은 구교인 가톨릭교도가 붙인 이름이다. 사람이 아닌 사물을 일컬을 때는 본성을 드러내는 방식이 좀 더 용이하다. 예를 들어 논쟁 상대가 '변화'라는 화두를 던졌다면 당신은 '개악'이라는 말로 고의성을 부여할 수 있다. 물론 당신이 먼저 화두를 던졌다면 이 방법을 역으로 적용해야 한다. 상대가 화제를 제안한 경우 '현존 질서'를 어지럽힌다는 느낌을 주어야 하고, 당신이 화제를 제안했다면 '구습'을 타파하려고 노력한다는 느낌을 주어야 한다.

누군가가 딱히 특별한 의도와 편파성 없이 '숭배', '대중 종교' 등의 어휘를 사용해 의견을 개진했다고 가정해 보자. 이 경우, 종교에 우호적인 이는 '경건', '신성' 등의 단어를 사용해 자신의 견해를 밝히고, 반대로 적대적인 이는 '편협', '미신' 따위의 단어를 사용하여 의견을 피력할 것이다. 원론적으로 말하자면, 이 역시 교묘하게 논점을 선취(petitio principii, 선결문제 요구의 오류)하는 일에 해당한다. 대개 사람들은 자신이 주장하려는 내용을 명명 과정에서부터 포함하여 하기 때문에 조금만 면밀히 분석해 봐도 그 의도가 명칭 자체에 고스란히 드러난다. 이를 달리 말하자면, 이름을 붙이고 논쟁에서 사용할 어휘와 표현을 선택하는 일에서부터 당신의 의도를 적절히 반영할 수 있다는 것이다. 사실 이 기술은 사람들이 실제 토론이나 논쟁에서 본능적으로 가장 자주 사용하는 대화술이기도 하다.

'신병 확보' 혹은 '억류' vs. '감금'

'열혈신앙' = '광신주의'

'일탈' 혹은 '추파' = '외도'

'모호하고 부적절한 말' = '음담패설'

'파탄 난' = '파산한'

'영향력과 인맥을 통한' = '뇌물 수수와 연고주의를 통한'

'신의 있는 보상' = '충분한 지불'

반대 명제를 피하다가
동의하게 만들어라

상대에게 어떤 명제를 받아들이게 하려면 어떻게 해야 할까? 그것과 상반되는 문장을 큰 목소리와 강한 어조로 제시하고, 그에게 둘 중 하나를 선택하라고 요구하면 된다. 이렇게 하면 상대는 모순에 빠지는 일을 피하고자 자신이 보기에는 반대라고 생각하면서 당신의 전략에 속아 넘어갈 것이다.

예컨대, 다음과 같은 주장에 상대가 동의하게끔 하는 상황을 가정해 보자.

"사람은 모름지기 아버지의 말을 잘 듣고 따라야 한다."

이럴 때는 다음의 질문이 효과적이다.

"우리는 모든 일에 있어서 부모에게 복종해야 할까요,

아니면 복종하지 말아야 할까요?"

　상대가 만일 '종종'이라는 단어를 사용해 말하면 그 '종종'이 적다는 뜻인지 많다는 뜻인지 따져 물어라. 그러면 아마도 그는 '많다'는 의미라고 대답할 것이다. 검은색 옆에 회색을 놓으면 회색을 '희다'고 표현하지만 흰색 옆에 회색을 놓으면 '검다'고 이야기하는 것과 비슷한 이치다.

증명되지 않은 것을 증명된 것처럼
선언하고 토론을 끝내라

이 전략은 논거가 아닌 것을 근거로 채택해 논쟁 상대를 속이고 기만하는(fallacia non causae ut causae) 대화술이다. 맞다. 이는 비겁한 전략이다.

당신이 논쟁 상대에게 많은 질문을 던지고 꼬박꼬박 원하는 답을 얻어 냈다고 가정해 보자. 그러고도 당신이 의도하는 결론을 끌어내는 데 실패했다면 어떻게 해야 할까? 그것으로 마치 모든 게 증명된 것처럼 굴면서, 자신이 논쟁의 승자가 된 듯 당당하게 그 자리를 떠나라. 당신은 내심 그 논쟁에서 결론이 나오지 않으리라는 것을 알고 있지만, 상관없다. 다행히도 논쟁 상대가 소심하고 멍청하다면, 그리고 당신이 아주 뻔뻔하고 목소리도 우렁차다면 이 전략은 의외로 잘 먹힐 것이다.

진실성이 모호한 명제로
선택권을 확보하라

당신이 모순된 명제를 내놓았으며, 이것을 입증하는 데 실패한 경우 어떻게 해야 할까? 이럴 땐 먼저 참이기는 하나 명백하게 참이지는 않은 문장을 하나 선택해 당신이 그 문장을 증명 수단으로 사용할 것처럼 하라. 그런 다음 상대에게 그것을 옳다고 인정하는지, 아니면 부정하는지 물어라. 논쟁 상대가 뭔가 의심스럽게 여겨 당신의 요구를 거부할 경우 그의 말이 이치에 맞지 않음을 논박할 수 있다. 반대로 상대가 당신의 주장이 옳다고 인정할 경우, 그 즉시 당신은 분별 있는 사람이 되므로 이후 논쟁의 정당성과 주도권을 확보할 수 있다.

여기서 한 가지 더. 지금까지 앞에서 살펴본 몇 가지 논쟁 대화술을 활용하며 당신의 논리가 입증되었음을 주장하라. 이 전략을 실행에 옮기자면 철면피라는 소리를 들을 정도로 뻔뻔해야 하지만, 그것만으로는 충분치 않다. 그럼 뭐가 더 필요할까? 풍부한 경험이 뒷받침되어야 한다. 물론 이 세상에는 이 모든 전략과 기술을 능수능란하게 구사할 줄 아는 사람도 드물기는 하지만 존재한다.

논쟁 대화술
16

상대에게 모순이 있다고 주장하라

　　논쟁 상대나 그가 주장한 말에 초점을 맞춰 논박하는 기술을 살펴보자. 상대가 주장하는 내용을 들으면서 앞에서 그가 한 말이나 이미 인정한 것과 모순되는 내용은 없는지 유심히 살펴라. 또 그의 주장 중에서 사실은 그렇지 않지만 모순되는 것처럼 보이게 만들 만한 요소는 없는지도 면밀히 따져라. 그리고 여기서 한발 더 나아가 논쟁 상대가 지지하는 특정 학파의 강령이나 규정, 그 학파의 회원이나 지지자의 태도, 엄밀히 말해 지지자는 아니지만 당연히 그렇게 간주할 만한 사람의 말이나 행동, 그리고 상대방 자신의 행위나 지향점과도 모순이 없는지 머릿속으로 빠르게 검토하라.

　그 결과, 예를 들어 논쟁 상대가 자살을 옹호한다면 망설이지 말고 이렇게 소리쳐라.

"그렇다면 당신은 왜 지금 당장 목을 매지 않는 겁니까?"

만일 상대가 '베를린은 사람이 살기에 불편한 도시'라고 주장했다면 즉각 이렇게 되받아쳐라.

"그럼 왜 당신은 지금 당장 마차를 타고 베를린을 떠나지 않는 거요?"

이런 식으로 언제 어디서든, 그리고 어떻게든 논쟁 상대의 말을 트집잡고 훼방을 놓을 거리는 반드시 존재한다.

Eristische

미세한 차이를 부각하여 방어하라

논쟁 상대가 효과적인 근거를 동원해 당신의 주장을 논박하고 강하게 밀어붙일 때는 어떻게 해야 할까? 순발력을 발휘해 당신의 주장의 미세한 차이를 세밀하게 구분함으로써 그의 공격력을 떨어뜨릴 수 있다. 물론 이 대화술은 그 개념이 이중 의미나 이중 사례에 해당하는 경우에만 가능하다.

상대의 주의를 분산시키고
논점을 흐트러뜨려라

논쟁 상대의 반론이 당신을 딜레마에 빠지게 하고 결국 패배를 안겨 줄 것 같은 불길한 예감이 들 땐 어떻게 해야 할까? 이런 때는 상대가 그것으로 결론을 내리지 못하게 해야 한다. 좀 더 구체적으로, 적절한 시점에 논쟁의 흐름을 끊고 전혀 다른 질문이나 주장을 내세워 상대의 주의를 돌리고 분산시켜야 한다. 이는 '논점 흐리기(mutatio controversiae)' 전략에 해당한다(전술 29번을 참고하라).

상대의 주장을
일반화하여 반박하라

논쟁 상대가 당신에게 자신의 주장 중 특정 부분을 골라서 그것을 반박할 증거를 제시하라고 요구할 수도 있다. 이런 상황에서는 어떻게 대응해야 할까? 녹록하지 않은 상황이다. 운 나쁘게도, 이때 당신의 머릿속에 아무것도 떠오르지 않는다면 큰일이다. 이럴 땐 논쟁 주제를 최대한 일반화한 다음 두루뭉술하게 답하면 해결책이 찾아질 수도 있다. 구체적으로, 특정 물리학 가설을 신뢰할 수 없는 이유를 밝혀야 한다면 인류가 가진 지식이 얼마나 불완전하고 허점이 많은지를 시작점으로 여러 예시를 들어 차근차근 입증하면 된다.

결론의 순간을 당신이 정하라

당신이 필요로 하는 전제 조건을 끌어냈고 논쟁 상대도 이를 인정했다면 망설이지 말고 즉시 결론을 이끌어 내라. 이때 당신이 내린 결론에 대해 상대에게 또다시 의견을 물을 필요는 없다. 결론을 내리는 데 필요한 전제가 몇 가지 부족할 수도 있지만, 그 역시 승인되었다고 여기고 주저 없이 결론을 향해 달려가야 한다. 이 대화술도 '논거가 아닌 것을 논거로 채택해 기만하기' 기법에 해당한다.

논쟁 대화술
21

궤변에는 궤변으로 맞서라

한눈에 봐도 논쟁 상대의 주장이 터무니없고 궤변일 뿐이라는 것이 훤히 들여다보이는 상황을 가정해 보자. 이럴 땐 상대의 주장 하나하나에 일일이 토를 달며 그것이 얼마나 허술하고 어이없는 논리에 기반해 있는지 지적하지 말자. 그보다는 차라리 당신도 약간 터무니없고 궤변에 가까운 근거를 들어 상대의 논리를 무력화시키는 편이 낫다.

다시 한번 강조하지만, 논쟁의 목적은 진실을 추구하는 데 있는 것이 아니라 '이기는' 데 있다. 상대가 뭔가 꼬투리를 잡아 당신을 공격하면 당신도 똑같이 그를 공격하라. 일일이 진위를 밝히고 길게 논리를 따지며 다투기보다는 상대방의 궤변이나 인신공격에 똑같이 궤변이나 인신공격으로 되돌려 주는 것이 효율적이고 효과적이다.

상대의 논점 선취 의도를 간파하라

논쟁 상대가 당신에게 지금 한창 다투고 있는 문제의 직접적인 원인이 되는 것을 인정하라고 요구할 때가 있다. 그런 상황에서는 반드시 그 요구를 거절하고, 상대가 논점을 선취하려 하고 있음을 드러내 말해야 한다. 당신이 만일 아직 결론이 정해지지 않은 문제와 직결된 상대의 주장을 섣불리 인정한다면 마치 당신이 그 문제를 인정한 것으로 받아들일 위험이 있다. 다시 한번 강조하건대, 논쟁에서 이기려면 상대에게 유리한 근거를 제공하는 일만은 피하라.

논쟁 대화술
23

상대를 자극하여 선을 넘게 하라

당신이 상대와 반박하고 재반박하며 티격태격 말다툼하다 보면 자칫 논쟁이 과열될 위험이 있다. 이때 어느 모로 보든 상대의 주장이 참이어서 반론할 여지가 없다면 오히려 이런 경향성과 분위기를 자극하고 부추겨라. 그렇게 일부러 상대를 자극하여 선을 넘게 하고 과장된 주장을 되풀이하게 만들어라. 운 좋게도, 당신의 전략이 먹혀들어 성공을 거두었다면 논쟁 상대의 선 넘은 주장을 집중적으로 공략하여 그가 처음에 펼친 논리도 타당하지 않은 것으로 몰아세울 수 있다.

반면 이런 상황에서 당신은 상대의 주장을 논박하느라 자칫 선을 넘거나 논리의 범위를 확장하고 싶은 유혹에 빠지지 않도록 조심해야 한다. 왜냐하면 그럴 땐 상대도 당신의 주장을 즉각 확대해석하려 시도할 것이 뻔하기 때문이다. 이런 상황에서는 단호한 태도로 상대의 공격을 방어하면서 "내가 말하고자 하는 것은 무엇무엇 이상도 이하도 아니다"라는 말로 당신의 주장에 명확히 선을 그어야 한다.

상대의 결론을 교묘히 조작하라

논쟁에서 상대가 주장한 내용 중 하나를 선택해 일부러 틀린 추론을 하고 개념을 비틀어라. 그럼으로써 상대의 주장이나 견해와 관련 없는 억지 결론을 끌어내라. 이때 당신이 끌어낸 그 결론이 이치에 맞지 않거나 위험하게 들릴수록 좋다. 그렇게 되면 논쟁 상대가 앞에서 주장한 내용과 맞지 않거나 이미 입증된 사실과 모순되는 문장을 추론한 것처럼 보일 것이기 때문이다. 이는 간접적 반론 혹은 우회 논박의 한 형태이며, 좀 더 큰 범주로는 '논거가 아닌 것을 논거로 채택해 기만하기' 전략에 포함된다.

반례를 들어 우회적으로 논박하라

귀납법에서는 보편 명제를 입증하기 위해 다양한 사례가 필요하다. 반면, 우회에서는 보편 명제에 해당하지 않는 단 하나의 사례만 있으면 상대의 논리를 깨뜨릴 수 있다. 그 하나의 예시가 바로 '반례'다. 구체적인 예로 "모든 반추동물은 뿔을 가지고 있다"라는 명제를 들어 보자. 이 명제는 '낙타'라는 반례 하나로 간단히 반박된다.

반례란 정확히 뭘까? 어떤 보편적인 사실을 구성하는 주개념에 속해 있지만 그 사실에 해당하지 않는 특정 사례를 의미한다. 그런 까닭에 이 사실은 반례 하나로 정당성을 잃게 된다. 다만 반례라는 속임수가 따라붙는 경우가 많으므로 논쟁 상대가 반례를 사용할 때는 다음 세 가지를 주의 깊게 살펴봐야 한다.

첫째, 그 사례는 과연 사실인가? 개별 사례가 거짓이라는 점 말고는 다른 해답이 존재하지 않는 경우도 많다. 세상의 수많은 기적이나 귀신 이야기가 바로 그런 사례다.

둘째, 논쟁 상대가 예시로 든 사례가 언급된 사실의 하위 개념에 속하는가? 설령 겉으로는 그렇게 보인다고 하더라도 예리하게 관찰하면 명백히 서로 다른 개념인 경우가 많다.

셋째, 논쟁 상대가 든 반례가 앞서 언급된 사실과 실제로 모순되는가? 이 또한 착각이나 혼동일 수 있다.

Dialektik

상대의 말을 그대로 돌려주어라

여기서 당신에게 알려줄 또 하나의 쌈박한 공격은 '되돌려 주기(retorsio argumenti)' 기술이다. 이 전략에서는 상대가 사용한 논거를 역으로 되돌려 주면서 반론의 근거로 사용한다.

예컨대, 상대가 "그는 어린아이입니다. 이 점을 감안해야 합니다"라고 주장했다고 가정해 보자. 이럴 땐 같은 논리로 다음과 같이 역공을 퍼부을 수 있다.

"맞습니다. 아이니까 나쁜 습관을 들이지 않도록 바르게 키워야지요."

상대가 감정적으로 반응한 지점을 공략하라

논쟁 상대가 예기치 않게 불쾌한 감정을 드러낸
다면 어떻게 해야 할까? 그 부분을 끈질기게 물고 늘어져
야 한다. 앞에서 언급한 대로 상대를 화나게 하는 것 자체
로 좋기도 하지만, 냉정하게 생각해 보면 우연하게도 당
신이 상대의 사고가 충분히 무르익지 않은 탓에 드러난
약점을 건드린 것일 수도 있다. 그러므로 겉으로 드러나
는 것보다 훨씬 공격할 지점이 많을 가능성이 있다.

청중을 끌어들여라

여기서는 학자 등 전문지식을 가진 사람들이 그렇지 못한 청중 앞에서 논쟁할 때 사용하면 유용한 방법을 소개할까 한다. 논쟁 상대의 논리 중에서 사안 논박도 사람 논박도 통하지 않을 때는 청중을 이용한(ad aditores) 공격을 시도하라. 이런 상황에서는 상대의 논거를 최대한 효과적으로 반박하되 전문가는 아니더라도 일반 청중은 알아차리지 못하는 교묘한 논리로 이의를 제기하라. 당신의 반론이 타당한지 타당하지 않은지 아는 이는 오직 전문지식을 가진 논쟁 상대뿐이다. 그러나 청중의 눈에는 당신이 상대를 속 시원하게 눌러 버렸다고 생각할 것이다. 당신의 교묘한 논리 덕분에 상대의 주장이 우스꽝스럽게 비칠수록 좋다. 기억하라 대중은 항상 누군가를 비웃을 준비가 되어 있다. 그리고 당신이 그들을 웃게 만든

순간 그들은 당신 편이 될 것이다. 반면 상대는 당신의 반박이 타당하지 않다는 걸 입증하기 위해 장황하게 반론을 펴야 한다. 게다가 그는 여기서 한발 더 나아가 틀린 논리로 청중에게 각인되기 시작한 자기주장을 바로잡고자 원리원칙을 언급하거나 다른 분야의 지식까지 마구잡이로 들먹여야 한다. 그러나 그에게는 불행하게도, 청중에겐 그런 장광설을 들어 줄 인내심이 없다.

예시

논쟁 상대가 이렇게 주장했다.

"원시 산맥이 형성될 때 화강암과 그 밖의 광물은 높은 온도를 지닌 열로 인해 용융된 액체 덩어리였습니다. 당시의 온도는 섭씨 250도 정도로 추정되며, 이 덩어리는 바닷물 아래에서 단단한 고체로 변한 것입니다."

이 문장을 청중을 의식하며 논박해 보자.

"250도라고요? 100도만 되어도 바닷물은 펄펄 끓기 시작해 수증기가 되어 흩어져 버릴 텐데요?"

이 시점에 청중이 웃음을 터뜨린다. 그러면 논쟁 상대는 당신의 논박이 틀렸음을 입증하고자 끓는 점이 단순히 온도뿐 아니라 기압의 영향을 크게 받기 때문에 바닷물이 수증기로 변화하는 온도는 100도보다 훨씬 높고, 250도가 다 되어도 물이 끓지 않을 수 있음을 설명하려고 애를 쓸 것이다. 그러나 물리학·화학 지식이 없는 일반인에게 그것을 제대로 이해시키자면 거의 논문 한 편 분량의 사설이 필요한 데다 청중은 이미 당신의 반론에 손을 들어 준 뒤일 것이다.

교란작전을 펼쳐라

당신의 주장이 이제 곧 철퇴를 맞을 것 같은 불길한 예감이 드는가? 그렇다면 '교란작전'을 사용할 때다. 이런 상황에서는 한창 진행되던 내용과 전혀 관련 없는 이야기를 꺼내서 그것이 마치 상대가 제기한 주장에 대한 반박인 것처럼 당당히 말하라. 다만 여기서 소개하는 교란작전은 어디까지나 논쟁의 주제를 크게 벗어나지 않는 선에서 전개되어야 한다. 주제는 아랑곳없이 개인적인 부분만 물고 늘어지며 트집 잡는 태도는 이와는 별개의 기술이다.

예시

나는 언젠가 중국에는 세습 귀족이 없고 오직 과거 제도의 관문을 거쳐서만 관직을 얻을 수 있다는 점을 칭찬

한 적이 있다. 그러자 나의 논쟁 상대는 아무리 많은 학식을 쌓는다 한들 태생적인 특권과 마찬가지로 관직을 얻는 데 크게 도움될 리 없다고 반박했다. 그러나 그의 반론은 청중에게 먹혀들지 않았다. 그러자 그는 갑자기 화제를 바꿨다. 그는 중국에서는 신분을 막론하고 자주 발바닥 태형이 형벌로 주어지곤 한다며, 그것이 과하게 차를 마셔서 그런 것이라는 식으로 중국인을 깎아내렸다. 만약 그 자리에서 내가 그의 말에 일일이 대응하려 했다면 다 이긴 논쟁을 망칠 수도 있었을 게 분명하다.

똑같은 교란작전이라고 해도 논쟁 주제와 전혀 관련 없는 내용으로 빠지면 비열한 태도로 낙인찍히기 쉽다. 만일 당신이 논쟁 상대에게 "네네, 최근에 당신은 이런저런 실속 없는 얘기를 앵무새처럼 되풀이하곤 하더군요"라고 말했다면 그것은 인신공격이 돼 버린다. '인신공격'에 대해서는 마지막 파트에서 다시 다룰 생각이다.

교란기술과 인신공격은 어떻게 다를까? 엄밀히 말하자면, 교란기술은 인신공격과 사람 논박의 중간 단계가 아닐까 싶다. 평범한 사람들의 말싸움에서도 자주 교란기술

Eristische

이 쓰이는 걸 보면 이는 거의 본능에 가까운것으로 보인다. 누군가가 다른 사람에게 인신공격을 가하면 상대는 똑같이 인신공격으로 대응한다.

주의할 것은 자신에게 쏟아지는 비난을 방치하면 그것을 인정하는 것이나 다름없다는 점이다. 이 시점에 내 머릿속엔 고대 로마 장군 스키피오가 자국 영토 이탈리아 반도에 쳐들어온 한니발 장군의 카르타고군에 맞서지 않고 (카르타고가 있는) 북아프리카로 달려가 적을 격파한 역사적 사건이 떠오른다. 물론 전쟁에서라면 이런 식의 교란작전이 활발하게 진가를 발휘할 것이다. 그러나 논쟁에서는 다르다. 마치 전쟁터의 화살처럼 날아오는 비난의 화살을 방치하는 것은 바람직하지 않다. 서로를 향한 나쁜 말이 난무하는 가운데 청중이 그 모든 것을 보고 듣고 느끼며 관전 중이기 때문이다. 사실 논쟁에서 종종 사용되는 교란작전은 딱히 뾰족한 수가 없어서 어쩔 수 없이 선택하게 되는 방패에 가까운 수동적인 무기로 보아야 한다.

이성보다는 권위에 호소하라

권위 혹은 경외심을 이용한 논박(argumentum ad verecundiam)은 적당한 근거를 제시하는 대신 상대의 인식 수준에 따라 생겨나는 권위를 이용하는 대화술이다.

"사람들은 누구나 판단하느니 믿고 싶어 한다(Unusquisque mavult credere quam judicare)."

이는 고대 로마의 철학자 세네카가 『행복한 삶에 관하여(De vita beata)』에서 한 말이다. 상대가 당신이 지닌 어떤 권위를 이미 존중하고 있다면 이 논쟁은 당신이 '이기는' 게임이다. 다만 이런 경우라도 상대의 지식과 능력이 제한적이어야 당신의 권위가 효력을 발휘할 수 있다. 만일 상대가 뛰어난 재능과 학식을 가졌다면 그는 당신의 권위를 좀처럼 인정하려 하지 않을 것이다. 물론 당신이 논쟁 상대가 잘 모르는 과학, 예술, 수공업 등의 전문가라면 사정은 달라지겠지만 그렇더라도 그는 다소 회의적인 태도로 당신의 말을 들을 가능성이 높다.

이와는 반대로, 일반인은 전문가라면 일단 존경심을 갖는다. 대개 사람들은 어떤 사람이 어떤 전문적인 직업을 가졌다는 것이 그가 딱히 그 분야를 사랑한다는 의미라기보다는 그저 생업 그 이상도 이하도 아니라는 사실을 잘 알지 못한다. 게다가 대중은 특정 전문 분야의 지식을 가르치는 사람조차 대부분 자신이 속한 분야를 속속들이 알지 못할 뿐 아니라 제대로 그 분야의 지식을 섭렵하고 통달하려면 가르칠 시간을 내기가 거의 불가능하다는 사실도 알지 못한다.

그래서인지 대중에게는 어떤 분야에 권위를 가지고 있다는 사실이 효력을 발휘할 때가 있다. 그러니 대단한 전문가적 권위를 드러내 보여 줄 수 없다면 겉으로 보기에라도 관련 분야에 권위가 있는 사람인 것처럼 보이게 하라. 여기에는 여러 방법이 동원될 수 있다. 예를 들면, 누군가가 다른 맥락과 의미로 한 말을 적절히 인용해서 권위를 가진 것처럼 보이게 할 수도 있다. 이런 상황에서는 논쟁 상대에게 낯선 분야의 지식일수록 당신의 전력이 잘 먹힌다. 예컨대, 충분한 교육을 받지 못한 이들은 그리스어나 라틴어 관용구를 들으면 일단 맞는 말이라고 인정할 확률이 높다. 논쟁에서 이기는 데 필요하다면 당신이 가진 권위를 자랑하는 일뿐 아니라 살짝 바꿔치기해도 좋고, 심지어 약간 날조해도 괜찮다. 상대가 논쟁 상황에서 일일이 책을 찾아보며 반박할 것도 아니고, 또 책이 있다한들 갑자기 어디를 어떻게 봐야 하는지도 모르기 때문이다. 이에 대한 근사한 예로 어느 프랑스 사제가 한 말이 떠오른다. 그는 다른 시민들과 마찬가지로 '자기 집 앞 도로를 포장하라'라는 의무를 회피하고자 다음의 성경 구절을 인용했다.

"그들이 두려워하게 하라. 나는 두렵지 않으리라(paveant illi, ego non pavebo)."

'도로를 포장한다'라는 의미의 프랑스어 paver와 라틴어 성경 구절에 나오는 '두려워하다'라는 단어의 발음이 비슷하다는 점에 착안하여 재치 있게 대응한 것이다. 재미있게도 당국의 관료 역시 그의 말에 고개를 끄덕이며 수긍했다고 한다.

대중 사이에 널리 퍼져 있는 선입견을 당신의 권위를 포장하는 도구로 이용할 수도 있다. 아리스토텔레스의 주장대로 사람들은 "다수가 옳다고 믿는 것을 옳다고 말한다." 만일 당신의 주장이 대중 사이에 이미 널리 퍼져 있는 견해라는 인상을 심어 줄 수만 있다면 그 어떤 불합리한 주장이라 할지라도 청중의 동의와 인정을 얻어 내기가 그리 어렵지 않다. 적당한 예 하나만으로도 그들의 생각을 바꿀 수 있고 행동에 영향을 미칠 수 있다. 대중이란 양치기가 이끄는 대로 따라다니는 양 떼 같은 존재이며, 골치 아프게 생각하느니 차라리 죽음을 택하는 이들이다. 생각해 보라. 어떤 견해가 보편성을 가진다는 사실에 그토록 큰 의미를 부여하는 세태가 이상하지 않은가? 자신이 스스로 판단하려는 의지와 노력도 없이, 단지 자기 눈앞에 드러난 한두 가지 예시만으로 어떤 견해에 그토록 쉽게 동의할 수 있다는 것이 얼마나 불합리한 일인지 깨달을 법도 한데 말이다. 그러나 안타깝게도 그들에게는 지적인 사고와 분별력이 결여돼 있어 그 사실을 깨닫지 못한다. 오직 소수의 사람만이 플라톤의 다음의 말을 제대로 이해할 것이다.

"많은 이들이 머릿속에 많은 것을 품고 있다."

맞다. 대중의 머릿속에는 늘 터무니없는 것이 가득 들어차 있어서, 당신이 그것을 바로잡고자 한다면 아마 실패하고 좌절할 것이다.

단언하건대, 어떤 견해가 일반적이라고 해서 그것이 꼭 옳다거나 개연성이 높다거나 명약관화해지는 것은 아니다. 만일 대중적으로 인정받는 일반적인 견해가 반드시 옳다고 주장하려는 사람이 있다면 다음의 두 가지를 직시하기 바란다.

1. 보편성이란 시간이 지나면서 증명력을 잃는다. 과거에 보편적으로 옳다고 믿겨졌던 모든 명제가 지금도 여전히 옳은가? 예컨대, 프톨레마이오스의 천동설이나 구교의 교리가 진리의 편에 서 있다고 말할 수 있는가?

2. 지리적으로 멀리 떨어져 있다면 견해의 보편성은 유효성을 잃기 쉽다. 그렇지 않다면 불교, 기독교, 이슬람교가 다 같이 한데 모여 보편성을 주장해야 할지도 모를 일이다.

'보편적 견해'라는 용어를 엄밀히 분석해 보자. 이는 두 사람 혹은 세 사람의 의견으로 생겨난 것이다. 무슨 의미냐고? 대중 사이에 일반적으로 통용되는 견해가 어떻게 만들어지는지 유심히 살펴보면 금방 이해될 것이다. 처음 두 사람 혹은 세 사람은 가장 먼저 어떤 견해를 제기하거나 누군가의 의견을 받아들여 자기 생각으로 만든 사람들이다. 그리고 대다수 사람은 최초의 주창자 두세 명이 스스로 부르짖은 그 견해를 세밀히 조사하고 철저히 검증했으리라 너그러운 마음으로 믿어 줄 것이다. 말하자면, 최초의 주창자들이 그 정도의 능력과 성실성은 갖고 있으리라는 선입견 탓에 다른 몇 사람이 또다시 그들의 견해를 쉽게 받아들인다. 그리고 다시금 더 많은 이들이 자신의 게으름 뒤에 숨어 고된 검증 과정을 생략한 채 쉽게 그 의견에 편승하기 시작한다. 그렇게 하루하루 게으르고 귀

얇은 동조자들이 기하급수적으로 늘어난다.

어떤 견해든 일단 충분히 찬성표를 얻고 나면 대중은 당연히 그 의견에 타당한 근거와 논리가 있어서 그 많은 사람의 동의를 얻은 것이라고 믿어 버린다. 이렇게 되면 나머지 사람들도 이미 보편타당한 논리가 되어 버린 그 견해에 섣불리 이의를 제기했다가는 자기만 이상한 사람 취급을 받게 될 테니 좋든 싫든 동조하는 수밖에 없다. 게다가 엎친 데 덮친 격으로, 무슨 일이든 참견하기 좋아하며 제 잘난 맛에 사는 자들이 여기에 가세하기 시작한다. 이 단계에 들어서면 이제 그 견해는 동의하는 일이 의무처럼 돼 버린다. 사리 분별력 있는 소수의 사람은 더더욱 입을 열고 소신 있게 자기 생각을 밝힐 수 없게 된다. 반면 자기 의견이나 판단 없이 다른 사람의 의견을 맹목적으로 추종하고 앵무새처럼 따라 하기 좋아하는 이들만 신이 나서 목청껏 떠들어 댄다. 그들은 그 견해를 제대로 이해하지 못했으면서도, 아니 제대로 이해하지 못했기에 더욱 더 열렬하고 성급하게 옹호하며 퍼뜨리고 다닌다. 그들은 누군가가 자기 지식과 경험에서 우러난 다른 견해를 갖는 일도 증오하지만, 스스로 생각하고 판단하는 행위 자체를 교만하다며 비난하고 매도하기 좋아한다. 그들은 왜 그럴까? 자기 자신은 죽었다 깨어나도 그런 일을 할 수 없다는 것을 마음속 깊이 알고 있기 때문이다.

'깊이 생각하기'는 소수에게 주어진 능력이지만 '견해'는 모든 사람이 갖고 싶어 한다. 이 말이 맞는다면 그 어려운 일을 스스로 하는 대신 누군가가 만들어 준 '완성품'을 가져다 쓰는 것 말고 딱히 할 수 있는 일이 없지 않을까? 세상일이 이런 식으로 돌아간다면 수많은 사람이 제기하는 각각의 견해에 과연 무슨 의미가 있을까? 실제로 수많은 역사가가 되풀이해서 인용하고 열성적으로 언급한 역사적 사실도 따지고 보면 맨 처음 한두 명의 저자가 쓴 내용(견해)을 여러 사람이 반복해서 베껴 쓰고 또 베껴 쓴 것에 지나지 않는다는 사실이 그 방증이다.[6]

내가 말하고, 당신이 말하고, 결국 그 사람도 말한다.
말하고 또 말하면, 그 말 말고 또 무엇이 남으리오.
Dico ego, tu dicis, sed denique dixit et ille;
Dictaque post toties, nil nisi dicta vides.

'보편적 견해'라는 것의 실상이 이렇다고 가정하고 좀 더 얘기해 보자. 이제 당신은 대중 앞에서 누군가와 논쟁할 때 그런 보편적 견해를 하나의 권위로 영리하게 활용하면 된다. 만일 논쟁하는 두 사람 모두 전문가가 아닌 일반인이라면 그들은 각자가 선택한 권위를 무기 삼아 상대를 효과적으로 공략하고자 최선을 다할 것이다. 그런데 만일 논쟁 참가자 중 어느 한 사람이 다른 한 사람보다 훨씬 높은 식견과 전문성을 가지고 있다면 어떨까? 이런 상황에서도 역시 상대의 약점을 재빨리 간파하고 적절히 활용하여 권위를 무기로 사용하라고 권해 주고 싶다. 당신의 그 뛰어난 학식을 가진 논쟁 상대는 마치 바그너의 오페라 〈니벨룽겐의 반지(Der Ring des Nibelungen)〉에서 용의 피를 뒤집어쓴 뒤 어떤 칼과 창도 뚫을 수 없는 불사의 몸이 된 영웅 지크프리트처럼, 타당한 근거나 논리나 가설로는 절대로 뚫을 수 없는, 사리 판단의 무능력이라는 늪에 깊이 빠져 있을 가능성이 높기 때문이다.

한편 법정에서는 오직 단단하고도 명확한 법률이라는 권위의 도구만을 가지고 싸운다. 여기서 판단력의 주목적은 법률을 이 잡듯이 뒤져 재판의 도마 위에 오른 사건에

바그너의 오페라 〈니벨룽겐의 반지〉

맞는 법적 근거를 찾아내고 적확하게 파악하는 데 있다. 다만 여기서도 지금까지 다룬 논쟁 대화술은 충분히 빛을 발한다. 당신은 원칙적으로는 관련 없는 사건과 법률을 어떻게든 조각내고 짜맞추어서 판사를 비롯한 법정 안에 있는 모든 사람이 인정하도록 만들어야 한다. 이 과정에 필요하다면 그 반대도 논쟁 대화술로 해내야 한다.

논쟁 대화술
31

**반박할 말이 떠오르지 않을 땐 비꼬는 말투로
'제 사고력이 떨어지나 보군요'라고 말하라**

논쟁하다 보면 상대가 제시한 근거에 딱히 반박할 말이 떠오르지 않을 때가 있다. 그럴 땐 어떻게 해야 할까? 미묘하게 비꼬는 말투로 "제 사고력이 떨어지나 보군요!"라고 말하라. 좀 더 구체적으로 조언하자면 이런 식이다.

"제가 이해력이 부족해서 그런지 방금 하신 말씀을 이해하지 못했습니다. 물론 똑똑한 분이시니 맞는 말씀을 했겠지요. 그런데 제가 머리가 나쁜 탓인지 잘 알아듣지 못하겠습니다. 선생님이 방금 하신 말씀을 어떻게 판단해야 할지 모르겠군요."

이런 말로 상대의 주장이 말도 안 되는 논리라는 느낌을 청중에게 은근히 주입하라. 이마누엘 칸트의 『순수이성비판(Kritik der reinen Vernunft)』이 출간되었을 때, 그리고 이 책이 큰 반향을 불러일으켰을 때 절충주의 학파의 여러 교수들이 "도대체 무슨 소리인지 모르겠다"라며 일축한 것도 이와 비슷한 맥락이다. 이는 여담이지만, 곧이어 신진 학파에 속한 몇몇 학자가 '칸트의 논리가 옳다'라고 말하며 구 학파의 학자들이 그의 심오한 철학을 제대로 이해하지 못한 탓이라는 점을 입증하자 문제의 그 교수들이 매우 불쾌해했다는 이야기는 꽤 유명하다. 그런 만큼 이 기술을 구사할 때는 청중이 논쟁 상대보다 당신에게 더 동조하고 인정해 주리라는 확신이 서야 한다. 예를 들어 교수가 학생을 상대로 이 기술을 사용하면 효과적이다. 그런 면에서 이 기술은 바로 앞에서 살펴본 "이성보다는 권위에 호소하라" 대화술과 맥을 같이한다. 남의 권위가 아닌 자신의 권위를 내세운다는 점이 다를 뿐이다. 사실, 확실한 근거나 치밀한 논리에 기반하지 않는 약간 치졸한 방식이긴 하다.

반대로, 당신이 이런 공격을 받으면 어떻게 해야 할까? 이렇게 답하기를 권하고 싶다.

"실례지만, 선생님의 통찰력이라면 이 말을 이해하는

Critik
der
reinen Vernunft

von

Immanuel Kant
Profeſſor in Königsberg.

Riga,
verlegts Johann Friedrich Hartknoch
1781.

이마누엘 칸트의 『순수이성비판』

일이 그리 어려울 리 없습니다. 그보다는 제 표현력이 부족한 탓이겠죠."

동시에 당신이 제시한 근거를 지속해서 들이밀면서 상대가 좋아하든 싫어하든 아랑곳없이 당신의 논리를 이해시켜야 하며, 상대가 당신의 주장을 제대로 이해하지 못했다는 사실을 인정하게 만들어야 한다. 논쟁 상대가 당신의 논리를 '비논리'로 몰아가려 할 때 당신은 상대의 '무지성'이 청중 앞에 드러나게 해야 한다. 물론 두 가지 상황 모두에서 당신은 예의 바른 사람으로 연기해야 함을 명심하라.

상대의 주장을
혐오스러운 범주와 연결시켜라

논쟁 상대가 당신의 주장과 반대되는 주장을 할 때 그것을 무효화하거나 신뢰를 떨어뜨리려면 어떻게 해야 할까? 이런 상황에서 효과적인 방법이 있다. 먼저, 사람들이 혐오하는 어떤 범주와 상대의 주장 사이에 조금이라도 유사성이나 연관성이 있다면 놓치지 말고 적극적으로 활용하고 공격하라. "그건 마니교네요.", "아리우스주의입니다.", "펠라기우스주의입니다.", "영성주의입니다.", "신비주의입니다." 등등. 무엇이든 가능하다. 이때 당연하다는 듯 전제해야 할 것은 다음의 두 가지다.

1. 문제의 주장과 당신이 언급하는 범주가 정확히 일치하거나 적어도 공통점이 있어야 한다. 그럴 때 "아, 우리

가 이미 다 아는 얘기군요!"라고 큰 소리로 말하라.

    2. 이미 그 범주는 무효한 것으로 오래전에 결론이 났고 별로 쓸모가 없어야 한다.

"이론으로는 맞지만, 현실에서는 아닙니다"라는
억지 기술을 활용하라

　　논쟁 상대에게 "이론으로는 맞지만, 현실에서
는 틀린 주장입니다"라며 밀어붙이는 것도 한 방법이다.
사실 이는 상대의 논거는 인정하면서도 추론은 부정하는
이상한 궤변에 지나지 않는다. 또한 이는 원인에서 결론
을 이끌어 내야 하는 당연한 논리 원칙에도 위배된다. 그
러므로 위의 말은 논리적으로 성립할 수 없는 이상한 주
장이다. 이론상 맞는 명제는 현실에서도 맞아야 하고 실
제로 통용될 수 있어야 하기 때문이다. 현실에서 틀린 것
으로 판명되는 논리라면 이론에 결함이 있을 수밖에 없
고, 간과되었거나 누락된 뭔가가 있다는 의미이기 때문이
다. 이런 맥락에서 위의 말은 이론으로도 틀렸다고 할 수
있다.

덫에 걸린 상대를
도망치지 못하게 하라

논쟁하다 보면 상대가 당신의 질문이나 논박에 직접적으로 답변하지 않고 오히려 반문하거나, 모호한 답을 하거나, 주제와 상관없는 말로 논점을 흐뜨리며 회피하려고 할 때가 있다. 이것은 명백한 신호다. 당신은 방금 지금껏 알지 못했던 상대의 구린 구석을 간파한 것이고, 그가 일체 함구하고 싶은 어떤 지점, 즉 그의 아킬레스건을 건드린 것이다. 이런 상황에서는 그가 방금 한 말을 더욱 집요하게 물고 늘어지면서 도저히 빠져나가지 못하게 몰아붙여라. 설령 당신이 방금 건드린 상대의 약점이 정확히 파악되지 않았다 하더라도 마찬가지다.

'한 줌의 의지가 수백 톤의 통찰보다
강하다'는 점을 명심하라

이 논쟁 대화술을 제대로 사용할 수만 있다면 사실 다른 대화술은 굳이 사용하지 않아도 된다. 다양한 논거를 동원해 지성에 호소하기보다 동기를 거쳐 의지를 절묘하게 건드리는 이 대화술은 그 정도로 강력하고 효과적이다. 당신의 논쟁 상대는 물론이고 청중도 당신의 이해관계와 일치시킬 수만 있다면 당신이 아무리 터무니없어 보이는 견해를 내놓는다 해도 그들 모두를 당신 편으로 끌어들일 수 있다. 한 줌의 의지가 수백 톤의 통찰과 굳건한 신념보다 더 강력한 힘과 영향력을 발휘하는 법이다. 물론 이 전략이 아무 때나 통하는 것은 아니므로 자주 찾아오지 않는 특별한 순간을 인내심을 갖고 기다려야 한다.

논쟁 상대의 주장이 나름대로 타당하다고 판단할 경우라도 그런 속마음을 철저히 감춘 채 '그의 이해관계나 관심사에 치명적인 타격이 있을 수 있으리라'는 암시를 넌지시 주자. 그러면 상대는 무심코 '뜨거운 감자'를 집어든 사람처럼 화들짝 놀라 자신이 피력한 견해를 서둘러 철회하려 할 것이다.

예시

한 성직자가 어떤 독단적인 철학이나 가설을 옹호하며 자기 견해를 밝힐 경우, 그 주장이 그가 속한 교단의 기본 교리와 배치된다는 사실을 지적하라. 그러면 그 성직자는 즉시 태도를 바꿔 방금 한 자기 주장을 주워 담으려 할 것이다.

어느 자산가가 영국의 기계 설비가 탁월하고 증기기관 하나가 수십 명의 노동자가 할 일을 대신 할 수 있다고 칭송한다. 이 경우 장차 수레와 마차도 증기기관의 힘으로 움직이게 될 것이며, 그가 소유한 마구간의 말도 일제히 값어치가 떨어질 거라는 말을 들려 줘라. 기계를 칭송하는 그의 주장은 자라 목처럼 쑥 들어갈 것이다.

Eristische

이런 상황에서 당신이 떠올려야 할 말은 이것이다.

"우리는 얼마나 경솔하게 자기 자신을 찌르는 흉기와도 같은 법칙을 만들어 내곤 하는가?"

마찬가지로, 청중이 당신과 같은 학파나 길드, 조직이나 협회 소속이고 논쟁 상대는 아닐 경우를 가정해 보자. 상대의 주장이 논리적으로 타당하고 옳을 수도 있다. 그러나 그의 견해가 청중과 당신 측의 공동 이해에 위해가 되리라는 점을 당신이 암시하는 순간 청중은 당신의 논쟁 상대의 주장이 아무리 치밀하고 이치에 맞는 논리라 해도 즉각적으로 허술하고 보잘것없는 논리로 취급하게 될 것이다. 반대로, 당신의 주장은 아무리 공허하고 급조된 티가 난다고 해도 치밀한 논리와 균형 잡힌 시각으로 받아들여질 것이다. 이렇게 관중은 당신의 편이 되고 상대는 패배의 쓴잔을 마시며 쓸쓸히 전장을 떠날 수밖에 없다. 흥미로운 점은 이때 모든 청중은 자신이 온전히 신념에 의해 표를 던졌다고 믿을 것이다. 많은 경우, 자신에게 해롭거나 불리한 것은 불합리하게 보이기 마련이다. "이성은 아무 기름 없이 타오르는 빛이 아니다. 의지와 열정이 그것의 재료다." 이 전략은 나무를 뿌리부터 뒤흔드는 강력한 효과를 지니며 '효용에 소구하는 논박(argumentum ab utili)에 속한다.

무의미한 말로 상대의 정신을 쏙 빼놓아라

이번엔 무의미한 말을 쏟아 내어 논쟁 상대를 황당하게 하고 어리둥절하게 만드는 대화술을 살펴보자. 다음에 인용하는 문장이 바로 그런 상황을 생생히 묘사한다.

"사람들은 그냥 몇 마디 단어를 들었을 뿐인데, 여기에 어떤 생각할 거리가 있다고 믿지."(괴테, 『파우스트(Faust)』 제1권 2,565-66행)

당신의 논쟁 상대가 종종 이해력이 떨어진다는 말을 들어 왔고, 자신도 내심 그것을 자기 약점으로 간주하고 있었는데 겉으로는 안 그런 척하는 습관을 지닌 사람으로 보이는가? 그럴 땐 피상적으로는 학술적이고 심오하게 들리지만 사실 말도 안 되는 소리를 엄숙한 분위기로 늘어놓아라. 짐짓 심각한 표정을 지으며 당신의 세 치 혀로 상대의 귀와 눈, 생각을 멀게 만들어라. 상대의 가설을 논란의 여지 없이 뒷받침해 줄 증거라면서 호들갑을 떨어라. 실제로 최근 이 기술을 절묘하게 구사하여 성공을 거둔 철학자 몇 명을 나는 알고 있다. 다만 이는 다소 고약한 사례가 될 수도 있으니, 그저 좀 오래된 예시의 하나로 올리버 골드스미스의 『웨이크필드의 목사(The Vicar of Wakefield)』중 제7장을 적절한 예로 삼아 참고하면 좋겠다.

잘못된 증거로
주장까지 반박하라

이 대화술은 사실 앞에서 다루었으면 좀 더 좋았을 기술이다. 만일 당신의 논쟁 상대가 논리적으로는 맞는 주장을 하고 있지만, (당신의 입장에서) 다행히도 잘못된 증거를 선택해서 공격해 온다면 이를 효과적으로 논박하기란 그리 어려운 일이 아니다. 그 증거의 오류와 허점을 공격하면서 그의 주장 자체를 틀린 것으로 엮으면 일은 쉬워진다. 따지고 보면 이는 사람 논박을 사안 논박으로 슬쩍 바꾸는 기술이다. 논쟁 상대가 제대로 된 논거를 새롭게 떠올리지 못하는 한 승리는 당신 것이다.

예시

누군가가 신의 존재를 주장하며 존재론적 증거를 내세

울 경우, 그 상대는 반박하기 매우 좋은 상황을 맞은 셈이다. 이는 실력이 떨어지는 변호사가 애초 승산이 높은 재판이었음에도 사안과 부합하는 법조문을 떠올리지 못하고 엉뚱한 조항을 골라 변론하다가 패소하는 상황과 비슷하다고 할까.

상대에게
인신공격을 퍼부어라

논쟁 상대가 당신을 능가했을 뿐 아니라 당신의 주장이 이제 곧 틀린 것으로 결론이 날 상황이라고 가정하자. 이럴 땐 어떻게 대응해야 할까? 이제 무례함을 동반한 상대를 향한 인신공격(argumentum ad personam)과 모욕을 사용할 차례다. 인신공격을 대화술로 사용한다는 것은 논쟁의 주제에서 벗어나(이미 이를 둘러싼 승부는 물 건너갔으므로) 당신이 논쟁하는 사람과 그의 인격에 흠집을 내는 행위를 의미한다. 엄밀히 말해, 인신공격은 사람 논박과는 다르다. 사람 논박은 객관적인 사안이나 주제를 다루지는 않지만, 그것에 대해 상대가 한 말이나 전제로 삼은 것을 토대로 반박하는 일을 말한다. 그러나 인신공격은 주제와 전혀 무관한 상대의 인격 자체를 공격하는 것이다. 상대에게 상처 주고, 조롱하고, 모독하며, 험한 말을 서슴지 않는다. 철학적으로 말하자면, 이는 정신의 능력이 육신 혹은 동물성을 자극하는 행위다.

실제 논쟁에서 이 기술은 의외로 인기가 좋아 상당히 높은 빈도로 사용되는데, 써먹기도 좋고 효과적이기 때문이다. 그렇다면 입장을 바꿔서 당신이 상대에게 인신공격당하는 상황이라고 가정해 보자. 이럴 땐 어떻게 대응해야 할까? 똑같이 인신공격으로 맞설 수는 없다. 그랬다가는 자칫 험한 말, 폭력적인 말이 난무하는 지저분한 토론장이 돼 버릴 테니 말이다.

그럴 때 당신이 상대를 인신공격하지 않으면 별문제가 없을 거라고 믿는가? 이는 당신의 착각일 뿐이다. 당신이 만일 상대가 논리적으로 틀렸으며 잘못 판단했다는 사실을 차분한 태도로 지적한다면, 그는 당신이 거칠고 모욕적인 표현을 쓰는 것보다 더 이를 갈 것이다. 왜 그럴까?

토머스 홉스는 자신의 책 『시민론(De Cive)』 제1장에서 이렇게 말했다.

"사람이 마음 깊은 곳에서 우러나는 기쁨과 명랑함을 갖고

Eristische

사는 이유는 뭘까? 단 하나, 자신과 비교해서 더 못한 사람
이 있다고 여기기 때문이다."

인간에게 허영심을 채우는 일보다 더 중요한 일은 없으
며, 여기에 상처가 난 것만큼 고통스러운 일도 없다('명예
를 목숨보다 귀하게 여기다'라는 표현이 왜 생겨났겠는가?). 허
영심을 충족하는 과정에 필요한 것이 바로 '타인과의 비
교'다. 비교는 모든 상황에서 일어나지만 주로 정신 활동
과 관련해서 활발히 일어난다. 그리고 논쟁은 이 비교가
가장 효과적이면서도 강력하게 일어나는 무대다. 논쟁에
서 진 사람이 자신이 틀렸음을 좀처럼 인정하지 않고 지
저분하게 구는 것도, 최후의 수단인 인신공격 대화술을
사용하는 것도 그런 이유에서다.

논쟁 상대가 그토록 험악한 기세로 달려드는데 시종일
관 정중한 태도로 대응할 수는 없다. 다만 이때 고도의 냉
정함을 유지하려고 노력하는 것은 중요하다. 상대가 인신
공격을 퍼부으려는 순간 극도로 차분하게, "지금 당신이
하는 말이 논쟁 주제와 무슨 관련이 있냐"라며 단칼에 잘
라야 한다. 상대가 당신에게 퍼부은 비난과 모욕 따위는

안중에도 없다는 듯 그의 오류와 허점을 조목조목 짚어 주고 반박하라.

물론 테미스토클레스가 에우리비아데스에게 던진 "나를 치시오. 그러나 내 말은 들으시오"라는 말이 아무에게나 먹힐 것 같진 않지만 말이다.

결론적으로, 인신공격에 맞서는 유일한 방어책은 아리스토텔레스가 『토피카』 마지막 장에서 소개한 내용과 일치한다.

"아무 사람과 분별없이 논쟁하지 마라."

아리스토텔레스의 조언대로, 사람을 가려서 논쟁하라. 당신이 잘 알고 있고, 면면을 구체적으로 아는 사람, 이성적인 사람, 불합리한 태도 때문에 창피를 당할 일이 없는 사람하고만 논쟁하라. 위력의 언어가 아닌 근거를 토대로 논쟁하려고 노력하라. 당신의 주장과 논리를 든든하게 뒷받침해 줄 근거에 귀 기울이고 그것을 토대로 반론을 펼쳐라. 진리를 귀하게 여기고, 상대의 입에서 나온 논거일지라도 타당하다면 기꺼이 인정하며, 자신이 틀렸고 상대가 맞는다는 것을 확인했을 때는 겸허히 승복할 줄 아는 태도를 지닌 사람과 논쟁하라. 그러자면 수백수천 명을 만나도 당신이 논쟁할 만한 됨됨이를 갖춘 사람을 단 한 명도 찾아보기 어려울 것이다. 그러니 때론 사람들이 마음껏 떠들게 놔둘 필요도 있다. 어리석음은 대중의 권리(desipere est juris gentium)라고 하지 않던가? 볼테르도 "평화는 진리보다 귀중하다(La paix vaut encore mieux que la vérité)"라고 했고, 아랍 격언 중에는 "침묵의 나무에는 평화의 열매가 맺힌다"라는 말도 있다.

논쟁은 두 주체가 한 자리에서 만나 같은 주제를 놓고 격돌하며 서로에게 쓸모 있는 부수 효과를 안겨 준다. 인간은 논쟁을 통해 자기 생각을 정리하고 새로운 관점을 만들어 낸다. 다만, 그러자면 논쟁에 참여하는 두 사람이 학식이나 지능 면 등에서 너무 기울지 않고 비슷한 수준이어야 한다. 만일 한쪽의 학식이 턱없이 부족할 경우 논쟁 중 오가는 내용을 제대로 이해하지 못하여 금세 균형이 깨질 것이며, 어느 한쪽이 지능 면에서 지나치게 기울 경우 그 때문에 악의를 품고 말도 안 되는 억지를 쓰거나 무례를 범할 수도 있다.

사적이고 서로 친한 사이에서 벌어지는 토론과 예컨대 학위 취득을 위한 공식적이고 공개적인 토론에는 사실상 큰 차이가 없다. 다만 후자의 경우, 응답자가 상대보다 더 올바른 답을 해야 한다. 때론 그 탓에 의장이나 심판관이 조력자로서 대화에 개입할 수도 있다. 그 밖에 좀 더 엄정한 형식을 갖추어 논증해야 하거나 좀 더 엄격한 추론 형식을 갖출 것을 요구받는 상황도 만날 수 있다.

1

이들 예시는 작위적으로 지어 낸 것이라 상대를 교란시킬 만큼 정교하지는 못하다. 그러니 반드시 당신이 직접 겪은 사례를 통해 훈련을 반복하길 바란다. 모든 전략 전술마다 짤막하면서 어울리는 이름을 붙여 두었다가 실전에 닥치면 그에 맞는 전 술을 재빨리 골라 활용할 수 있다면 더할 나위 없을 것이다.

2

앞 전술에 속하는 전술이다.

3

아리스토텔레스 『토피카』 제8권 제2장

4

아리스토텔레스의 『토피카』 마지막 책에는 논쟁 대화술을 구사할 때 지켜야 하는 훌륭한 규칙이 담겨 있다.

5

이는 아리스토텔레스의 『소피스트적 논박에 대하여』 제15장을 내 방식대로 재구 성한 것임을 밝혀 둔다.

6

피에르 벨, 『혜성에 대한 생각(Pensées sur les Comètes)』, 제1권 10쪽

I [1]

논리학(Logik)과 대화술 또는 변증술(Dialektik)
은 고대에도 동의어로 사용되었다. 사실 고대 그리스어의
λογίζεσθαι(logízesthai)는 '숙고하다', '생각하다', '검토하
다'라는 의미를 지니며, διαλέγεσθαι(dialégesthai)는 '대화
하다'라는 뜻으로, 서로 전혀 다른 개념이다. 3세기에 활
동한 철학사가 디오게네스 라에르티오스에 따르면, 플라
톤이 '변증술', '변증술적 행동', '변증술을 구사하는 사
람' 등의 용어를 맨 처음 만들어 사용했다. 그는 『파이드
로스』, 『대화』, 『국가론』 제7권 등에서 "변증술이란 분별
력을 꾸준히 사용하면서 그것을 갈고닦는 일"로 정의한
다. 아리스토텔레스 또한 변증술을 같은 의미로 사용했는
데, 라우렌티우스 발라에 따르면, 아리스토텔레스는 '논

리학'을 변증술과 동일한 의미로 사용한 최초의 인물이
다. 따라서 '변증술'이 '논리학'보다 먼저 쓰인 것으로 판
단할 수밖에 없다. 이후 고대 로마의 키케로와 쿠인틸리
아누스 역시 대체로 동일한 의미로 '변증술'과 '논리학'
을 혼용했다.[2]

　이처럼 '논리학'과 '변증술'을 유사한 개념의 어휘로
사용하는 전통은 중세를 거쳐 근대까지 전해 내려온다.
다만 최근 들어, 이른바 칸트의 시대에 이르러서 변증술
은 '소피스트적 논쟁술'의 뜻을 지니는, 약간 좋지 않은
의미로 사용되었다. 그 탓에 논리학이 변증술보다는 좀
덜 해롭다는 의미로 선호되기도 했다. 그러나 이 두 어휘
는 본래 같은 의미로 쓰였고, 근래에 다시 이 둘을 동의어
로 인식하게 되었다.

II

　　　다만 내게는 고대부터 이 두 개념을 하나의 의
미로 사용해 왔다는 점이 매우 안타깝다. 나는 이 두 개념

을 명확히 구분할 자유와 권리가 주어지기를 간절히 바란다. 좀 더 구체적으로, 내가 보기에 논리학은 '심사숙고하다', '계산하다'라는 의미의 단어에서 파생된 '사고 법칙에 대한 학문', '이성의 전개 방식' 등으로 정의하는 것이 좀 더 자연스럽다. 이는 로고스(logos)가 언어와 사고라는, 서로 분리할 수 없는 개념이기 때문이다.

반면 변증술의 원래 의미는 '서로 대화하다'이다. 여기서 대화란 사실이나 견해, 즉 과거에 있었던 것 혹은 앞으로의 일을 서로 공유하는 것을 전제로 하는 '토론 기술'이다.

논리학은 '선험성'에서 기원한다. 이는 경험의 개입 없이도 형성되는 것이며, 사고의 법칙이자 이성이 작동하는 방식이다. 말하자면, 논리학이란 한 분별력 있는 개체가 오직 자기 책임하에 누구의 방해도 받지 않고 그 무엇에도 미혹되지 않은 상태로 홀로 생각할 때 이성이 선택하는 과정이자 절차다.

반면 변증술은 분별력을 가진 두 존재가 함께 생각하는 공동행위 개념이다. 다만 두 사람이 똑같은 시간을 가리키는 시계처럼 한 치의 오차도 없이 견해가 일치하지 않는 한 대화는 논쟁, 즉 두 지성 간의 싸움으로 바뀐다. 두 사람이 순수 이성으로 존재한다면 그들의 생각은 그야말로 시계처럼 일치해야 한다. 그러나 개별성이란 본래 너와 내가 다르다는 사실을 전제로 한다. 그러므로 두 개인은 서로 불일치를 겪을 수밖에 없으며, 이 불일치는 오직 경험을 통해서만 지각된다.

생각의 과학인 논리학은 순수 이성의 수행 과정이며, 오직 아프리오리(à priori, 선험적) 요소로만 구축할 수 있다. 그에 반해 변증술은 대부분 아포스테리오리(à posteriori, 후험적)로 형성된다. 이는 순수 사유가 두 개인이 '함께 생각하는' 과정에서 겪어야 하는 개체 간의 차이로 인한 장애를 경험하게 되기 때문이다. 또한 변증술은 개인이 자기 생각을 순수하고 객관적인 것으로 증명하고 싶어 사용하는 여러 도구와 수단으로 이루어진다. 예컨대, A와 B라는 두 개인이 생각을 공유하고 견해를 공유할 때 A는 B의 생각이 자기 생각과 일치하지 않는다는 점을 전제한다. 또 A는 B가 자신의 오류를 찾아내고 생각을 바꾸는 것이 아니라 A의 생각에 오류가 있을 거라고 전제한다는 사실을 깨닫는다.

이 모든 일은 인간의 본성에서 비롯되는, 어쩌면 당연한 현상이다. 인간은 본래 독선적이고 자기주장에 집착하는 성정을 타고났다. 나는 인간의 이런 성향으로 인해 어떤 일이 벌어질 수 있는지 가르치고 깨우치는 학문을 '변증술' 혹은 좀 더 엄밀히 말해 '논쟁적 대화술(Eristische Dialektik)'로 부르고자 한다. 그런 맥락에서 이 책에서 다루는 논쟁 대화법은 인간 본연의 자기주장 욕구를 실현하는 방법을 구체적이고도 체계적으로 정리한 강론인 셈이다.

1

이것이 대화술의 진정한 시작이다.

2

키케로는 『루쿨루스(Lucullus)』에서 "변증술은 참과 거짓 사이를 판결하기 위한 여신으로 발명되었다"라고 말했다. 아리스토텔레스는 『토피카』 제2장에 "스토아학파 학자들은 판단 도구를 세심하게 선택해서 사용했는데, 이때 그들이 주로 사용한 지식을 '변증술'이라고 명명했다"라고 썼다. 쿠인틸리아누스는 자신의 책에서 "그러므로 이 부분을 '변증술' 혹은 '판결의 기술'로 부르는 것이 좋겠다"라고 했다 (Petri Rami, Dialectica, Audomari Talaei Praelectionibus Illustrata, 1569 중에서).

∞

역자 후기

위대한 철학자 쇼펜하우어가 '논쟁에서 이기는 법'을 집필할 수밖에 없었던 절박한 이유

친구든 가족이든 간에 누군가와 이야기를 하다가 논리가 통하지 않는다고 생각될 때가 있다. 상대가 말귀를 못 알아듣는다고, 이치를 이해하지 못한다고 여겨져 답답하고 화가 난다. 감정이 격앙되다 보니 말이 헛나가고 상대도 반격하다 보면 금세 첨예한 말싸움이 되어 버리곤 한다.

아닌 게 아니라, 한번은 가까운 친구와 말다툼을 하다가 한순간 멍 해진 적이 있다. 어째서 이렇게 이야기가 격해진 거지? 왜 대화가 맴맴 도는 거지? 싶어 소득 없이 이야기를 종료했었다. 그러다 시간이 한참 지나 그 장면을 떠올렸더니, 정작 서로 주장했던 논리는 잘 기억나지 않고 누가 우세했고 누가 밀렸는지만 어렴풋이 생각났다. 그러자 당시의 야속하고 분한 마음이 되살아나며 숨이 살짝 가빠지기까지 했다. 그건 대화가 아니라 감정 대립이었고 서로를 향한 야유에 지나지 않았던 게 아닐까?

이 책 『쇼펜하우어의 논쟁 대화법』을 번역하면서, 말이란 말하는 이의 의지와 뜻을 담는 그릇이며 형식이라는 사실을 새삼 절절히 깨달았다. 내가 어떤 색깔, 어떤 모양의 그릇에 어떤 템포로 말을 흘려 넣고 다시 다른 곳에 옮겨 담느냐에 따라 일이나 사업이 판가름난다. 지위, 학위, 관계가 대화에 달렸다. 그런데 수학이나 영어, 과학 같은 학문에 비해 대화의 기술을 닦을 기회는 좀처럼 없었다는 생각이 크게 들었다. 내가 무엇을 위해 이 대화를 누구와 어디서 하고 있는지, 어떤 사람들이 이 말을 듣고 있고 어떤 수단을 사용해야 할지 기초라도 배워 본 기억이 도무지 나지 않았다. 사실 매우 당황스러운 자각이었다.

쇼펜하우어는 누군가와 논쟁할 때 '정당성을 획득하는 법', 그러니까 말싸움에서 이기는 법을 정리하는 것이 필요하다고 여겨 원고를 집필했다. 다만 그는 이를 출판할 곳을 정하지 못한 채 세상을 떠났고, 이후 이 유고는 뒤늦게 출간이 되었다.

쇼펜하우어라는 위대한 철학자가 왜 하필 말 잘 하는 법, 논쟁에서 이기는 법을 썼을지 떠올려 봤다. 그에게는 평생 진리가 무엇인지, 인간과 세계의 본질은 무엇인지 고민하고 또 고민하는 것이 소명이었다. 그것을 알아내기 위해 다른 이가 언어로 기술한 것을 읽거나 들었을 테고, 본인의 생각을 다시 말로 표현해야 했다. 그러다가 문득 이렇게 느꼈을 것이다. 그 어느 쪽도 진리를 알고 있지 않다 (왜냐하면 그랬다면 철학의 목적은 거기서 끝났을 테니까). 혹은 진리가 있는지 없는지 누구도 확인한 적이 없다. 그러니 맞고 틀리는 것은 신의 영역이고, 인간은 진실을 추구하는 것만이 최선이다. 그런 그에게 남은 것은 무엇이었을까? 자신의 사상을 되도록 효과적으로 표현하고 전달하는 수단인 언어를 갈고 닦고 벼리는 일이 너무나 중요하지 않았을까? 진리가 누구 한 사람의 소유물이 아니고, 심지어 끝까지 모른다면 최선을 다해 자신이 진리에 더 가깝다고 말하는 것 말고 철학자의 소임이 무엇이 있었을까?

쇼펜하우어는 염세주의 철학자로 유명하다. 내게 염세주의란, 순진무구한 상태를 벗어나 세상을 있는 그대로 보려는 눈물 겨운 노력인 것 같다. 자꾸 인간의 눈을 가리려 드는 허상과 장밋빛 희망을 거부하고, 당면한 현실이나 문제를 직시하는 것. 단, 그래서 절망하는 것이 아니라 있는 그대로 보고, 듣고, 말하고, 사는 것이 목적이다. 이 책 역시 순진무구한 환영을 벗어나 목적을 위해 집요하고 현실적으로 언어와 지성을 사용할 것을 주문한다.

지금 우리는, 법정에서는 승소를 위해 최적의 논쟁술을 구사하고, 강단에서는 청중을 설득하고 교육하기 위해 가장 강력한 언술을 발휘하고, 소셜미디어에서는 촌철살인 같은 말로 팔로어를 끌어모으며, 정치인의 100분 토론은 보이지 않는 총알이 날아다니는 전쟁터와 다름 없는 세상에 살고 있다. 현실을 부정하거나 염증을 일으키고 은둔하려는 사람이 아니라 적극적으로 살고 투쟁하는 사람의 언어, 어른의 언어, 현장의 언어가 바로 쇼펜하우어가 이 책에서 정성 들여 알려 주려고 했던 요체라고 생각된다.

이 책을 번역하면서 내게 남아 있던 마지막 나이브함의 조각이 떨어져 나가는 소리를 들었다. 그것은 긴장과 거부감, 쓰라린 감정을 불러일으켰지만, 어떻든 교정지 마지막 장을 덮었을 때 나는 쇼펜하우어의 죽비 같은 예리하고 날렵한 말 덕에 사뭇 달라져 있었던 것 같다.

아참, 이 책을 번역하느라 집 근처 도서관에서 아리스토텔레스의 저작을 몇 권 장기 대출해야 했고, 헬라스어를 읽는 법을 고민해야 했다. 잠깐 몇천 년의 시대를 거슬러 저공비행을 하고 돌아온 기분이다. 논리학과 대화법을 체계적으로 정리한 고대의 천재 아리스토텔레스에게 감사하고, 그 전통을 현대적이고 명징한 언어로 당대인에게 알리고자 했던 쇼펜하우어에게 더더욱 감사하다.

쇼펜하우어 말마따나 논쟁은 되도록 피하고 불가피하다면 걸맞은 대상과 자리를 골라 해야 하겠지만, 그래야 할 때가 온다면, 허리를 세우고 아랫배에 힘을 주겠다. 그리고 38가지 논쟁 대화술을, 그가 선사한 필승 전략을 기꺼이 떠올려 보겠다.

쇼펜하우어의 논쟁 대화법

1판 1쇄 발행 2024년 4월 30일

지은이 아르투어 쇼펜하우어
옮긴이 김시형
펴낸이 이재두
펴낸곳 사람과나무사이
등록번호 제2024-000012호
주소 경기도 파주시 회동길 508(문발동), 스크린 405호
전화 (031)815-7176 팩스 (031)601-6181
이메일 saram_namu@naver.com
영업 용상철
디자인 박대성
인쇄·제작 도담프린팅
종이 아이피피(IPP)

ISBN 979-11-88635-95-5   03190